Curso

La diferencia entre aprobar
y sacar plaza

Educador/a Social

AYUNTAMIENTO DE MADRID

Accede a tu **Curso MAD360** y disfruta de los siguientes recursos:

- Técnicas de Memoria 360.
- MADTEST: Test nivel PRO.
- Temario en formato digital.
- Vídeos.
- Esquemas.
- Planificación de estudio.
- Foro entre opositores hasta la fecha del examen.*
- Recursos y novedades exclusivas.
- Consulta sobre la oposición y el proceso selectivo.
- Actualizaciones legislativas (Boletines Oficiales) hasta 60 días antes de la fecha del examen.*

Para acceder al Curso MAD360** será necesaria la compra de todos los libros para esta especialidad de la edición 2024.

Valida los códigos que encuentras en la última página de tus libros y disfruta de la experiencia MAD360.

Infórmate en: mad.es/registro-campus

NOTA IMPORTANTE:

* Examen de esta categoría profesional correspondiente a la convocatoria publicada en el BOAM n.º 9704, de 28 de agosto de 2024, o hasta el 30 de septiembre de 2025, lo que se cumpla antes.

** El acceso al CURSO MAD360 estará disponible desde octubre de 2024 (algunos recursos podrían estar disponibles en fecha posterior). Tendrá una duración de 365 días, desde la validación de códigos, o hasta el 30 de abril de 2026, lo que se cumpla antes.

MAD se reserva el derecho a ampliar dichas fechas.

Educador/a Social del Ayuntamiento de Madrid

Septiembre, 2024

Educador/a Social del Ayuntamiento de Madrid

Test del Temario
Grupo I

Autores

ELENA GARCÍA FERNÁNDEZ
Licenciada en Derecho

FRANCISCO JESÚS TORRES FONSECA
Licenciado en Derecho

© 7 Editores Recursos para la Cualificación Profesional y el Empleo, S.L. (7 Editores)
© Los autores
Primera edición, septiembre 2024 (154 páginas)
Derechos de edición reservados a favor de 7 Editores
IMPRESO EN ESPAÑA
Diseño Portada: 7 Editores
Edita: 7 Editores
Avda. San Francisco Javier, 9 · Edificio Sevilla 2 · Planta 11 · Módulos 25-27 · 41018 Sevilla
Teléfono: 954 784 411 · WEB: www.mad.es · e-mail: administracion@7editores.com
ISBN: 978-84-142-8666-1
© "Editorial Mad" y "Eduforma" son nombres comerciales registrados de
7 Editores Recursos para la Cualificación Profesional y el Empleo, S.L.

Índice

**La Constitución Española de 1978: estructura y contenido.
Derechos y deberes fundamentales. Su garantía y suspensión.
El Gobierno y la Administración**

1. Las primeras elecciones democráticas celebradas en España tras la muerte de Franco tuvieron lugar en:

a) 1975.
b) 1976.
c) 1977.

2. El referéndum en el que se aprobó popularmente la Constitución se llevó a efecto el:

a) 27 de diciembre de 1978.
b) 6 de diciembre de 1978.
c) 31 de octubre de 1978.

3. La ponencia encargada de redactar el borrador de la Constitución se constituyó en el:

a) Senado.
b) Senado y Congreso de los Diputados.
c) Congreso de los Diputados.

4. Si un poder público, en su actuación, infringe lo dispuesto en el Preámbulo de la Constitución:

a) Incurre en nulidad.
b) Incurre en inconstitucionalidad.
c) No pasa nada salvo que, como consecuencia de esa actuación, se infrinja un artículo de la propia Constitución.

5. El principio en virtud del cual el ciudadano está amparado por una legislación no sujeta a continuos vaivenes es el de:

a) Legalidad.
b) Publicidad normativa.
c) Seguridad jurídica.

6. El principio en virtud del cual un Reglamento no puede contradecir una ley es el de:

a) Legalidad.
b) Jerarquía normativa.
c) Las respuestas a) y b) son correctas.

7. Según la Constitución, una norma que imponga una nueva pena más leve para un delito:

a) No se aplica retroactivamente.
b) Puede aplicarse retroactivamente.
c) Ha de ser reglamentaria.

8. Todos los españoles, respecto al castellano, tienen el:

a) Derecho-deber de conocerlo.
b) Derecho de usar y deber de conocerlo.
c) Derecho-deber de usarlo.

9. La capital del Estado en España es:

a) La propia de cada Comunidad Autónoma.
b) La villa de Madrid.
c) Aquella donde se establezca en cada momento el Gobierno de la Nación.

10. El Título de la Constitución que trata de la reforma constitucional es el:

a) Primero.
b) Décimo.
c) Noveno.

11. El Defensor del Pueblo se regula en el siguiente Título y Capítulo de la Constitución, respectivamente:

a) Preliminar y 1.º
b) Segundo y 4.º
c) Primero y 4.º

12. El Título de la misma que trata del Gobierno y la Administración es el:

a) Tercero.
b) Cuarto.
c) Quinto.

13. Los principios rectores de la política social y económica se regulan en el siguiente Capítulo y Título de la Constitución:

a) Segundo del Primero.
b) Tercero del Primero.
c) Tercero del Preliminar.

14. La derogación de una norma posconstitucional que vaya en contra de la Constitución se efectúa por el/la/las:

a) Propia Constitución.
b) Tribunal Constitucional.
c) Cortes Generales.

15. El pluralismo político, para nuestra Constitución, es un/una:

a) Principio General del ordenamiento político.
b) Valor superior del ordenamiento jurídico.
c) Principio rector de la política social y económica.

16. La forma política del Estado español es:

a) Unitaria y regionalizada.
b) Federal.
c) La Monarquía Parlamentaria.

17. La justicia, según nuestra Constitución, es un/una:

a) Principio de nuestro ordenamiento jurídico.
b) Valor superior del anterior.
c) Manifestación del Estado democrático.

18. Constituye el fundamento del orden público y de la paz social, según la Constitución, el/la/los:

a) Derechos inviolables inherentes a la persona.
b) Estado social y democrático de Derecho.
c) Seguridad jurídica.

19. Las Comunidades Autónomas deben usar o instalar la bandera española:

a) En sus edificios.
b) En los actos oficiales.
c) Cuando lo solicite el Delegado del Gobierno de la Nación en las mismas.

20. Deben tener una estructura interna y un funcionamiento democrático los/las:

a) Partidos Políticos.
b) Colegios Profesionales.
c) Todos ellos.

21. La defensa de la integridad territorial de España se atribuye por la Constitución a/al/a las:

a) Fuerzas y Cuerpos de Seguridad.
b) Fuerzas Armadas.
c) Gobierno de la Nación.

22. El Título de la Constitución que trata de las relaciones entre el Gobierno y las Cortes Generales es el:

a) Cuarto.
b) Quinto.
c) Sexto.

23. La Constitución entró en vigor:

a) Al día siguiente de su publicación en el Boletín Oficial del Estado.
b) El 27 de diciembre de 1978.
c) El 29 de diciembre de 1978.

24. Según la Constitución, el Estado es:

a) Apolítico.
b) Aconfesional.
c) De bienestar social.

25. El derecho a la vida se consagra en el siguiente artículo de la Constitución:

a) 10.
b) 16.
c) 15.

26. La pena de muerte en España:

a) Ha quedado abolida.
b) Puede aplicarse en cualquier momento.
c) Solo se aplicará, en tiempo de guerra, a los militares.

27. La inmediata puesta a disposición judicial derivada del *habeas corpus*, se produce por:

a) Detención ilegal.
b) Prisión ilegal.
c) Prisión preventiva.

28. El proceso en el que se enjuicie a un presunto delincuente debe:

a) Ser sumario.
b) No dilatarse.
c) Entorpecer los instrumentos probatorios.

29. La entrada en un domicilio en caso de flagrante delito, sin autorización de su titular:

a) Puede dar lugar a la aplicación del *habeas corpus*.
b) Requiere autorización previa de la autoridad judicial.
c) Puede efectuarse en todo momento.

30. Cuando, al conocerse la comisión de un delito por una persona, se acude a su domicilio para detenerla:

a) Está obligada a franquear la entrada.
b) Se necesitará autorización judicial para entrar, si no da su consentimiento para ello.
c) Pese a que no dé su consentimiento, se puede entrar.

31. La autorización previa para celebrar una manifestación pública:

a) La da el Subdelegado del Gobierno en la Provincia.
b) Es ineludible.
c) Sería inconstitucional.

32. El tipo de sufragio que consagra la Constitución es el:

a) Proporcional.
b) Universal.
c) Censitario.

33. Además de la no autoinculpación, la Constitución prevé que no se está obligado a declarar sobre un hecho presuntamente delictivo en caso de:

a) Parentesco y afinidad.
b) Cláusula de conciencia.
c) Secreto profesional.

34. Los Tribunales de Honor están prohibidos respecto de los/la/las:

a) Sindicatos y Organizaciones Profesionales.
b) Administración Civil y Militar.
c) Organizaciones Profesionales y la Administración Civil.

35. El secreto profesional, constitucionalmente, sirve para:

a) Ejercer con libertad una profesión titulada.
b) La libertad de creación científica y técnica.
c) No declarar sobre hechos presuntamente delictivos.

36. La fundación de una Internacional Sindical por un sindicato español:

a) Es libre.
b) Está prohibida.
c) Debe plasmarse en un Tratado Internacional.

37. El ejercicio del derecho de petición a través de una manifestación ciudadana:

a) No se admite.
b) Se admite en algún caso.
c) Se admite, salvo para los militares.

38. Las Fundaciones son:

a) Entidades constituidas para fines de interés general.
b) Administración Corporativa.
c) Entidades privadas con fines de carácter también privado.

39. La asistencia de todo orden a los hijos habidos extraconyugalmente:

a) No está prevista en la Constitución.
b) Es un deber de los padres.
c) Se dispensará por Instituciones de Beneficencia.

40. La especulación urbanística, según la Constitución:

a) Debe evitarse.
b) Está permitida.
c) Genera plusvalías para la colectividad.

41. No es susceptible de recurso de amparo el derecho a la/de:

a) Sindicación.
b) Investigación científica.
c) Secreto de las comunicaciones.

42. Tampoco lo es el derecho de:

a) Libertad de cátedra.
b) Negociación colectiva.
c) Manifestación.

43. Una vez declarado el estado de excepción no se puede suspender el derecho/libertad de:

a) Huelga.
b) Enseñanza.
c) Adopción de medidas de conflicto colectivo.

44. Durante el estado de excepción, un detenido conserva el derecho de/a:

a) Setenta y dos horas para ser puesto a disposición judicial.
b) Secreto de comunicaciones.
c) Asistencia de Letrado.

45. Se puede suspender, con motivo de investigaciones relativas a bandas armadas, el derecho de:

a) Huelga.
b) Inviolabilidad del domicilio.
c) Libertad de circulación.

46. ¿En qué fecha aprobaron las Cortes Generales la Constitución Española?

a) El 31 de octubre de 1978.
b) El 6 de diciembre de 1978.
c) El 27 de diciembre de 1978.

47. ¿Cuál de las siguientes no es una característica de la Carta Magna?

a) Su rigidez.
b) El establecimiento, como forma política del Estado, de la monarquía hereditaria.
c) Su codificación en un solo texto.

48. ¿De cuántos artículos consta la Constitución Española de 1978?

a) De 154.
b) De 163.
c) De 169.

49. ¿Cuál de los siguientes no es uno de los valores superiores de nuestro ordenamiento jurídico?

a) El pluralismo político.
b) La solidaridad.
c) La libertad.

50. Las Cortes Generales, ¿en qué Título de nuestra Constitución se recogen?

a) En el Título II.
b) En el Título III.
c) En el Título IV.

51. Según el artículo 97 de la Constitución Española, el ejercicio de la potestad reglamentaria corresponde:

a) Al Gobierno.
b) Al Consejo de Ministros.
c) A los Ministros.

52. Según exige la Constitución Española, el Congreso de los Diputados otorga su confianza al candidato a la Presidencia del Gobierno:

a) Por mayoría especial de 3/5 de sus miembros.
b) Por mayoría cualificada de 2/3 de sus miembros.
c) Por mayoría absoluta de sus miembros.

53. El Rey propone al candidato a la Presidencia del Gobierno:

a) Mediante Real Decreto.
b) A través del Presidente del Gobierno saliente.
c) A través del Presidente del Congreso.

54. Los miembros del Gobierno de la Nación serán nombrados por:

a) El Presidente del Gobierno.
b) El Rey, a propuesta del Presidente del Gobierno.
c) El Presidente del Congreso.

55. El Presidente del Gobierno es elegido por:

a) Las Cortes.
b) El Congreso de los Diputados.
c) El Rey.

Solución al test n.º 1

1. c) 1977.

2. b) 6 de diciembre de 1978.

3. c) Congreso de los Diputados.

4. c) No pasa nada, salvo que, como consecuencia de esa actuación, se infrinja un artículo de la propia Constitución.

5. c) Seguridad jurídica.

6. c) Las respuestas a) y b) son correctas.

7. b) Puede aplicarse retroactivamente.

8. b) Derecho de usar y deber de conocerlo.

9. b) La villa de Madrid.

10. b) Décimo.

11. c) Primero y 4.º.

12. b) Cuarto.

13. b) Tercero del Primero.

14. a) Propia Constitución.

15. b) Valor superior del ordenamiento jurídico.

16. c) La Monarquía Parlamentaria.

17. b) Valor superior del anterior.

18. a) Derechos inviolables inherentes a la persona.

19. b) En los actos oficiales.

20. c) Todos ellos.

21. b) Fuerzas Armadas.

22. b) Quinto.

23. c) El 29 de diciembre de 1978.

24. b) Aconfesional.

25. c) 15.

26. a) Ha quedado abolida.

27. a) Detención ilegal.

28. b) No dilatarse.

29. c) Puede efectuarse en todo momento.

30. b) Se necesitará autorización judicial para entrar, si no da su consentimiento para ello.

31. c) Sería inconstitucional.

32. b) Universal.

33. c) Secreto profesional.

34. c) Organizaciones Profesionales y la Administración Civil.

35. c) No declarar sobre hechos presuntamente delictivos.

36. a) Es libre.

37. a) No se admite.

38. a) Entidades constituidas para fines de interés general.

39. b) Es un deber de los padres.

40. a) Debe evitarse.

41. b) Investigación científica.

42. b) Negociación colectiva.

43. b) Enseñanza.

44. c) Asistencia de Letrado.

45. b) Inviolabilidad del domicilio.

46. a) El 31 de octubre de 1978.

47. b) El establecimiento, como forma política del Estado, de la monarquía hereditaria.

48. c) De 169.

49. b) La solidaridad.

50. b) En el Título III.

51. a) Al Gobierno.

52. c) Por mayoría absoluta de sus miembros.

53. c) A través del Presidente del Congreso.

54. b) El Rey, a propuesta del Presidente del Gobierno.

55. b) El Congreso de los Diputados.

La organización territorial del Estado en la Constitución Española: principios generales. La Administración Local. Las Comunidades Autónomas. El municipio: concepto y competencias

1. Según la Constitución, las Entidades que forman parte de la organización territorial del Estado tienen la nota común de:

a) Autogobierno.
b) Independencia.
c) Autonomía.

2. La titularidad de la soberanía española radica en el/las:

a) Cortes Generales como representantes del pueblo español.
b) Rey como Jefe del Estado.
c) Pueblo mismo.

3. No pueden constituirse en Comunidades Autónomas los territorios:

a) Que no estén integrados en la organización provincial.
b) Que, no siendo superiores a una Provincia, tengan entidad regional histórica.
c) Interinsulares.

4. La vía ordinaria de acceso a la autonomía por el artículo 143 de la Constitución se sigue por los/las:

a) Provincias con entidad regional histórica.
b) Territorios que en el pasado hubieren plebiscitado afirmativamente proyecto de Estatuto de Autonomía.
c) Provincia sin entidad regional histórica directamente.

5. Entre las determinaciones de los Estatutos de Autonomía no es necesario incluir la:

a) Delimitación de su territorio.
b) Denominación de las instituciones autónomas propias.
c) Denominación, organización y sede de sus instituciones administrativas.

6. En las Comunidades Autónomas que siguen la vía común, el Proyecto de Estatuto será elaborado por la/los:

a) Asamblea de Parlamentarios que se constituye al efecto.
b) Comisión Constitucional del Congreso de los Diputados.
c) Miembros de la Diputación u órgano interinsular y por los Diputados y Senadores elegidos por ellas.

7. El voto de ratificación por los Plenos del Senado y del Congreso de los Diputados se dará en el/las:

a) Comunidades Autónomas que siguen la vía común.
b) Comunidades Autónomas que siguen la vía especial.
c) Acceso a la autonomía de Ceuta y Melilla.

8. La responsabilidad política del Presidente de una Comunidad Autónoma se exige por el/la:

a) Sala de lo Penal del Tribunal Supremo.
b) Congreso de los Diputados.
c) Asamblea Legislativa de la Comunidad Autónoma.

9. La Asamblea Legislativa de las Comunidades Autónomas se elige:

a) Con criterios de representación territorial.
b) Con criterios de representación proporcional.
c) Por sufragio individual.

10. Con el fin de corregir los desequilibrios económicos interterritoriales y hacer efectivo el principio de solidaridad, se constituye:

a) El Fondo de Compensación Interterritorial.
b) El Comité Económico Interterritorial.
c) El Consejo de Política Fiscal y Financiera.

11. Los Estatutos de Autonomía deberán contener el/la/las:

a) Competencias que se dejan al Estado y las que asume la Comunidad.
b) Competencias que, en función de la Constitución, asume cada Comunidad Autónoma.
c) Desarrollo de la Administración Autonómica.

12. En la reforma de los Estatutos intervienen las Cortes Generales:

a) Siempre.
b) Nunca.
c) Solo cuando se trata de Comunidades Autónomas que accedieron por la vía común.

13. Los miembros de las Diputaciones u órganos interinsulares intervienen en la elaboración de los Estatutos de Autonomía:

a) En todo caso.
b) Nunca.
c) En las Comunidades Autónomas de vía común.

14. Los Estatutos de Autonomía en la vía común se aprueban por el:

a) Congreso de los Diputados mediante ley orgánica.
b) Congreso de los Diputados y Senado por ley orgánica.
c) Congreso de los Diputados y Senado por ley ordinaria.

15. La más alta representación de una Comunidad Autónoma la ostenta el:

a) Presidente del Parlamento Autonómico.
b) Presidente de la Comunidad Autónoma.
c) Rey.

16. La asunción de competencias y de mayor autonomía por las Comunidades Autónomas es, como regla general:

a) Regresiva.
b) Progresiva.
c) Automática.

17. En la elaboración por la vía común de los Estatutos de Autonomía:

a) No intervienen los Municipios afectados.
b) Intervendrán en todo caso.
c) Solo intervienen las Diputaciones Provinciales u órganos interinsulares.

18. El principio de solidaridad consagrado por el artículo 138 de la Constitución exige una atención especial a:

a) Las Comunidades Autónomas de economía más deprimida.
b) Las Entidades de ámbito territorial inferior al municipal.
c) Las Islas.

19. La federación de Comunidades Autónomas, según la Constitución:

a) Solo se permite respecto de las limítrofes.
b) Requiere Ley Orgánica de las Cortes Generales.
c) Está absolutamente prohibida.

20. Según la Constitución, las Haciendas Locales deben:

a) Ser autosuficientes.
b) Carecer de recursos propios.
c) Nada de lo anterior es cierto.

21. El carácter de cauce inmediato de participación ciudadana se predica del/de la:

a) Comunidad Autónoma.
b) Municipio.
c) Estado.

22. Según el artículo 24 bis de la Ley 7/1985, de 2 de abril, Reguladora de las Bases del Régimen Local, las Leyes de las Comunidades Autónomas sobre régimen local regularán los siguientes entes, que carecerán de personalidad jurídica, como forma de organización desconcentrada del Municipio:

a) Entes de ámbito territorial inferior al Municipio.
b) Mancomunidades.
c) Comarcas.

23. Tiene el carácter de división territorial para el cumplimiento de las actividades del Estado un/una:

a) Comarca.
b) Municipio.
c) Provincia.

24. La personalidad jurídica de los Municipios, según la Constitución Española, es:

a) Propia.
b) Plena.
c) Reconocida por el Ente que los crea.

25. Según nuestra Constitución, los Concejales no son elegidos por sufragio:

a) Universal.
b) Igual.
c) Paritario.

26. La protección civil es servicio mínimo a prestar por los Municipios de más de:

a) 20.000 habitantes.
b) 50.000 habitantes.
c) Las respuestas a) y b) son ciertas.

27. No es servicio mínimo de un Ayuntamiento de menos de 5.000 habitantes el de:

a) Acceso a los núcleos de población.
b) Alumbrado público.
c) Transporte colectivo urbano de viajeros.

28. Y sí lo es el de:

a) Servicios funerarios.
b) Medio ambiente urbano.
c) Limpieza viaria.

29. Y el transporte colectivo urbano de viajeros debe prestarse obligatoriamente en los Municipios de más de:

a) 5.000 habitantes.
b) 10.000 habitantes.
c) 50.000 habitantes.

30. La evaluación e información de situaciones de necesidad social y la atención inmediata a personas en situación o riesgo de exclusión social, debe prestarse en los Municipios que tengan una población, como mínimo, superior a:

a) 50.000 habitantes.
b) 5.000 habitantes.
c) 20.000 habitantes.

31. Si se plantea un conflicto de competencias entre dos Ayuntamientos de distintas Provincias de una misma Comunidad Autónoma, se resuelve por el/la/las:

a) Pleno de cada uno de ellos.
b) Ministerio de la Presidencia, Relaciones con las Cortes y Memoria Democrática.
c) Comunidad Autónoma.

32. ¿Qué define ENTRENA CUESTA como el Ente Público menor territorial primario?

a) La Comarca.
b) La Mancomunidad de Municipios.
c) El Municipio.

33. Señala cuál de los siguientes no es un servicio que se deba prestar en todos los Municipios:

a) Biblioteca pública.
b) Pavimentación de las vías públicas.
c) Limpieza viaria.

34. No es una competencia que pueda ser ejercida como propia por el Municipio:

a) La protección y gestión del Patrimonio histórico.
b) Policía nacional y protección civil.
c) La protección contra la contaminación acústica.

35. Los conflictos de competencias planteados entre diferentes Entidades Locales serán resueltos por la Administración de la Comunidad Autónoma o por la Administración del Estado, previa audiencia de:

a) El Senado.
b) Las Comunidades Autónomas afectadas.
c) El Consejo de Estado.

Solución al test n.º 2

1. c) Autonomía.

2. c) Pueblo mismo.

3. c) Interinsulares.

4. a) Provincias con entidad regional histórica.

5. c) Denominación, organización y sede de sus instituciones administrativas.

6. c) Miembros de la Diputación u órgano interinsular y por los Diputados y Senadores elegidos por ellas.

7. b) Comunidades Autónomas que siguen la vía especial.

8. c) Asamblea Legislativa de la Comunidad Autónoma.

9. b) Con criterios de representación proporcional.

10. a) El Fondo de Compensación Interterritorial.

11. b) Competencias que, en función de la Constitución, asume cada Comunidad Autónoma.

12. a) Siempre.

13. c) En las Comunidades Autónomas de vía común.

14. b) Congreso de los Diputados y Senado por ley orgánica.

15. b) Presidente de la Comunidad Autónoma.

16. b) Progresiva.

17. a) No intervienen los Municipios afectados.

18. c) Las Islas.

19. c) Está absolutamente prohibida.

20. c) Nada de lo anterior es cierto.

21. b) Municipio.

22. a) Entes de ámbito territorial inferior al Municipio.

23. c) Provincia.

24. b) Plena.

25. c) Paritario.

26. c) Las respuestas a) y b) son ciertas.

27. c) Transporte colectivo urbano de viajeros.

28. c) Limpieza viaria.

29. c) 50.000 habitantes.

30. c) 20.000 habitantes.

31. c) Comunidad Autónoma.

32. c) El Municipio.

33. a) Biblioteca pública.

34. b) Policía nacional y protección civil.

35. b) Las Comunidades Autónomas afectadas.

TEST N.º 3

La organización política y administrativa del Ayuntamiento de Madrid (I): el Gobierno municipal. El Pleno. El Alcalde. Los Tenientes de Alcalde. La Junta de Gobierno

1. La Junta de Gobierno Local, en la ciudad de Madrid es:

a) El principal órgano de dirección de la política, el gobierno y la administración municipal.
b) El órgano esencial de colaboración en la dirección política del Ayuntamiento.
c) El máximo órgano de representación política de los ciudadanos en el gobierno municipal.

2. El Ayuntamiento de Madrid se organiza y actúa, con sometimiento pleno a la Ley y al Derecho, de acuerdo con los principios de:

a) Eficacia, descentralización funcional, desconcentración, coordinación y servicio al ciudadano.
b) Eficacia, descentralización funcional, desconcentración, cooperación, gestión y servicio al ciudadano.
c) Eficacia, eficiencia, descentralización funcional, desconcentración, coordinación y servicio al ciudadano.

3. ¿Con qué dos principios actúa el Ayuntamiento de Madrid, en sus relaciones con los ciudadanos?

a) Eficacia y eficiencia.
b) Transparencia y participación.
c) Buena fe y confianza legítima.

4. Señala la respuesta correcta, en relación con la creación, modificación y supresión de órganos y unidades administrativas:

a) Los órganos directivos y las Subdirecciones Generales se crean, modifican o suprimen por el Pleno, a través de los Acuerdos de organización administrativa, a propuesta del titular del Área de Gobierno correspondiente y previo informe del órgano directivo competente en materia de organización municipal.

b) Los Servicios, Departamentos y las unidades administrativas de nivel inferior a estos, así como los demás puestos de trabajo, se crean, modifican y suprimen a través de la relación de puestos de trabajo.

c) Una vez creados, modificados o suprimidos los órganos y unidades administrativas, el Alcalde procederá a las adaptaciones de la relación de puestos de trabajo y de la plantilla presupuestaria que resulten necesarias.

5. Las Comisiones constituidas por acuerdo del Pleno para un asunto concreto, con fines de estudio, elaboración de propuestas u otros de naturaleza análoga, sin carácter resolutorio, son las denominadas:

a) Comisiones extraordinarias.
b) Comisiones de investigación.
c) Comisiones no permanentes.

6. Señala la respuesta correcta respecto a las Comisiones de Investigación:

a) Se deberán crear por mayoría absoluta.
b) Sus conclusiones se reflejarán en un dictamen que habrá de ser debatido y votado por el Pleno.
c) Se podrán crear por mayoría simple, a propuesta de la Alcaldía, de la Junta de Gobierno Local o de un grupo municipal.

7. En relación con el Estatuto de los Concejales, señala la respuesta correcta:

a) Indica que estos tienen el tratamiento de excelencia.
b) Dice que estos deberán optar por un régimen de dedicación en el plazo de un mes desde que adquieran la condición de concejal, opción inicial que no podrán cambiar posteriormente.
c) Los concejales tienen el derecho y el deber de asistir, con voz y voto, a las sesiones del Pleno y a las de aquellos otros órganos colegiados de los que formen parte, salvo justa causa que se lo impida, que deberán comunicar con antelación suficiente al presidente del órgano de que se trate.

8. Una de las siguientes no es una norma que debe regir en la adscripción a los grupos municipales del Ayuntamiento de Madrid:

a) Se constituirá un grupo municipal por cada lista electoral que hubiera obtenido representación en el Ayuntamiento. Para poder constituir y mantener un grupo municipal será necesario contar con un mínimo de dos concejales, con excepción del Grupo Mixto.
b) Ningún concejal podrá quedar adscrito a más de un grupo municipal.
c) Ningún concejal podrá pertenecer a un grupo municipal diferente de aquel que corresponda a la lista electoral de la que hubiera formado parte. Las formaciones políticas que integren una coalición electoral, no podrán formar grupos independientes cuando se disuelva la coalición correspondiente.

9. La Junta de Portavoces es el órgano deliberante y consultivo del Ayuntamiento de Madrid. Además de debatir el orden del día de las sesiones ordinarias del Pleno, le corresponden, en particular, las siguientes funciones:

a) Determinar los asuntos incluidos en el orden del día sobre los que se va a entablar debate.
b) Establecer el orden de intervención del Alcalde.
c) Redactar y custodiar las actas, así como supervisar y autorizar las mismas.

10. ¿Cuándo celebrará sesión extraordinaria el Pleno?

a) Cuando así lo decida el Presidente.
b) Cuando lo solicite el tercio del número legal de miembros de la Corporación.
c) Cuando se decida por mayoría absoluta.

11. ¿Cuántas sesiones extraordinarias como máximo al año, puede solicitar un concejal?

a) Máximo dos.
b) Máximo tres.
c) Ningún concejal podrá solicitar menos de tres sesiones extraordinarias del Pleno al año.

12. Los miembros de la Junta de Gobierno de la Ciudad de Madrid podrán asistir a las sesiones del Pleno e intervenir en los debates, sin perjuicio de las facultades de ordenación que corresponden a su Presidente:

a) En ningún caso.
b) Siempre que ostenten la condición de concejales.
c) Con independencia de que ostenten o no la condición de concejales.

13. El desarrollo de las sesiones ordinarias podrá ajustarse a la siguiente estructura:

a) Aprobación del acta de la sesión anterior; parte resolutiva; parte de información, impulso y control; declaraciones institucionales y mociones de urgencia.
b) Aprobación del acta de la sesión anterior; parte resolutiva; proposiciones; declaraciones institucionales y mociones de urgencia.
c) Aprobación del acta de la sesión anterior; parte resolutiva; parte de información, impulso y control; comparecencias y mociones de urgencia.

14. Señala la respuesta correcta, respecto a los debates en el Ayuntamiento de Madrid:

a) Corresponde al Secretario dirigir los debates y mantener el orden de los mismos.
b) En la administración del tiempo de debate, el presidente tendrá en cuenta lo acordado por la Junta de Portavoces en cuanto a la determinación de los asuntos objeto de debate, los turnos de intervenciones y la duración de estas.
c) En los asuntos con debate, antes de que el Secretario lo abra, el Presidente dará lectura al enunciado.

15. A efectos de la votación correspondiente se considerará que:

a) Se abstienen los concejales que se hubieran ausentado del salón de sesiones una vez iniciada la deliberación de un asunto y no estuviesen presentes en el momento de la votación. En el supuesto de que se hubieran reintegrado al salón de sesiones antes de la votación no podrán tomar parte en la misma.

b) El voto es nulo si los concejales que se hubieran ausentado del salón de sesiones una vez iniciada la deliberación de un asunto, no estuviesen presentes en el momento de la votación.

c) Se abstienen los concejales que se hubieran ausentado del salón de sesiones una vez iniciada la deliberación de un asunto y no estuviesen presentes en el momento de la votación. En el supuesto de que se hubieran reintegrado al salón de sesiones antes de la votación podrán tomar parte en la misma.

16. El Alcalde puede ser destituido de su cargo mediante moción de censura adoptada por:

a) Mayoría simple.
b) Mayoría absoluta del número legal de concejales.
c) Mayoría de 3/5 del número legal de concejales.

17. Respecto a la moción de censura al Alcalde, señala cuál de estas afirmaciones es incorrecta (artículo 197 Ley Orgánica 5/1985, de 19 de junio):

a) Ningún concejal puede firmar durante su mandato más de una moción de censura.
b) La dimisión sobrevenida del Alcalde no suspenderá la tramitación y votación de la moción de censura.
c) La moción de censura deberá ser propuesta, al menos, por la mayoría de dos tercios del número legal de miembros de la Corporación.

18. El Alcalde podrá plantear al Pleno una cuestión de confianza, vinculada a (Ley Orgánica 5/1985, de 19 de junio):

a) Modificación de los presupuestos anuales.
b) La aprobación que ponga fin a la tramitación de los instrumentos de planeamiento general de ámbito municipal.
c) Ambas son correctas.

19. En relación con la delegación de competencias del Alcalde, señala la respuesta correcta:

a) El Alcalde podrá delegar, mediante Resolución, las competencias que le atribuyen las Leyes, en los términos establecidos por ellas, en la Junta de Gobierno Local, en sus miembros, en los demás concejales y, en su caso, en los coordinadores generales, directores generales u órganos similares.

b) El Alcalde podrá delegar dichas competencias en las Juntas Municipales de Distrito, en sus concejales-presidentes y en los coordinadores de distrito.

c) Las delegaciones de competencias que efectúe el Alcalde surtirán efectos desde el mismo día de la fecha del decreto, salvo que en el mismo se disponga otra cosa, sin perjuicio de su publicación en el BOCM y en el "Boletín del Ayuntamiento de Madrid".

20. El Alcalde podrá renunciar a su cargo:

a) Perdiendo la condición de concejal.

b) La renuncia deberá hacerse efectiva por escrito ante la Junta de Gobierno de la Corporación, que deberá adoptar acuerdo de conocimiento dentro de los diez días siguientes.

c) Cubriéndose la vacante en la forma establecida en la legislación electoral.

21. Señala la respuesta correcta, respecto a los Bandos del Alcalde:

a) Pueden ser simplemente recordatorios de una obligación o deber, contenidos en las disposiciones de carácter general.

b) Pueden ser relativos a adoptar medidas que excepcionen, singular y temporalmente, la aplicación de las normas, por razones de interés público.

c) Únicamente serán publicados en el tablón de anuncios del Ayuntamiento.

22. En relación con la Junta de Gobierno de la ciudad de Madrid, indica la opción correcta:

a) Corresponde al Pleno nombrar y separar libremente a los miembros de la Junta de Gobierno.

b) Su número no podrá exceder de un tercio del número legal de miembros del Pleno, incluido el Alcalde.

c) El Alcalde podrá nombrar como miembros de la Junta de Gobierno a personas que no ostenten la condición de concejal, siempre que su número no supere un tercio de sus miembros, excluido el Alcalde. Sus derechos económicos y prestaciones sociales serán los de los miembros electivos.

23. De entre los miembros de la Junta de Gobierno que ostenten la condición de concejal, ¿quién designa al concejal-secretario, cuya función es la de redactar las actas de las sesiones y certificado de acuerdos?

a) El Pleno.

b) El Alcalde.

c) La propia Junta de Gobierno.

24. Las competencias atribuidas a la Junta de Gobierno de la Ciudad de Madrid podrán ser delegadas en:

a) Los demás miembros de la Junta de Gobierno.

b) Los demás concejales, en los coordinadores generales, directores generales u órganos similares, de acuerdo con lo que dispongan las normas de atribución de esas competencias.

c) Ambas son correctas.

25. Indica la respuesta correcta, respecto a las sesiones de la Junta de Gobierno de la Ciudad de Madrid:

a) Las sesiones de la Junta de Gobierno de la Ciudad de Madrid se celebrarán previa convocatoria del Alcalde, pudiendo ser ordinarias de periodicidad preestablecida y extraordinarias, que pueden ser, además, urgentes.

b) La convocatoria de las sesiones ordinarias y extraordinarias, a la que se acompañará el orden del día, se realizará con una antelación mínima de cuarenta y ocho horas, mediante la remisión de la misma a sus miembros.

c) Las sesiones extraordinarias se convocarán por decisión del Pleno.

26. Para la válida constitución de la Junta de Gobierno a efectos de celebración de las sesiones, deliberaciones y toma de acuerdos, se requerirá la presencia de:

a) El Alcalde, del concejal-secretario o, en su caso, de quienes les sustituyan, y la del tercio, al menos, de sus miembros y, en todo caso, que el número de miembros de la misma que ostente la condición de concejal presentes sea superior al número de aquellos miembros que no ostenten dicha condición.

b) El Alcalde, del concejal-secretario o, en su caso, de quienes les sustituyan, y la de la mitad, al menos, de sus miembros y, en todo caso, que el número de miembros de la misma que ostente la condición de concejal presentes sea superior al número de aquellos miembros que no ostenten dicha condición.

c) El Alcalde, del concejal-secretario o, en su caso, de quienes les sustituyan, y la de la mitad, al menos, de sus miembros y, en cualquier caso, que el número de miembros de la misma que ostente la condición de concejal presentes sea inferior al número de aquellos miembros que no ostenten dicha condición.

27. Respecto al funcionamiento de la Junta de Gobierno de la Ciudad de Madrid y en lo que se refiere a la relación de asuntos:

a) El concejal-secretario, asistido por el Alcalde, elaborará el orden del día, en el que se incluirán los asuntos que hayan sido estudiados por la Comisión Preparatoria.

b) Por razones de interés general, se podrá someter a la Junta de Gobierno una relación de asuntos no incluidos en el orden del día.

c) La Junta de Gobierno no conocerá asuntos que no estén incluidos en alguna de las relaciones contempladas anteriormente salvo que, presentados al Alcalde inmediatamente antes de la celebración de la sesión, este los admita y sus miembros lo acuerden por unanimidad.

28. La documentación de cada uno de los asuntos que se someta a la Junta de Gobierno no estará constituida por:

a) La propuesta de acuerdo.

b) Las copias de los informes preceptivos.

c) La justificación de haber cumplimentado los demás trámites facultativos y no vinculantes, sin perjuicio de que los miembros del Pleno puedan consultar la documentación íntegra de los asuntos.

29. ¿En qué plazo el concejal-secretario debe remitir el acta de la sesión, a los demás miembros de la Junta de Gobierno?

a) Plazo no superior a dos días hábiles.

b) Plazo no inferior a tres días hábiles.

c) Plazo no superior a dos días naturales.

30. Señala la respuesta correcta respecto a las Comisiones delegadas:

a) Sus deliberaciones serán públicas.

b) Los acuerdos de estas Comisiones revestirán la forma de resolución.

c) El acuerdo de constitución de una comisión delegada determinará su carácter permanente o temporal, los miembros de la Junta, de entre los que se designará a su presidente y, en su caso, los concejales con responsabilidades de gobierno que la integran, así como las funciones que se le atribuyen.

Solución al test n.º 3

1. b) El órgano esencial de colaboración en la dirección política del Ayuntamiento.

2. a) Eficacia, descentralización funcional, desconcentración, coordinación y servicio al ciudadano.

3. b) Transparencia y participación.

4. b) Los Servicios, Departamentos y las unidades administrativas de nivel inferior a estos, así como los demás puestos de trabajo, se crean, modifican y suprimen a través de la relación de puestos de trabajo.

5. c) Comisiones no permanentes.

6. b) Sus conclusiones se reflejarán en un dictamen que habrá de ser debatido y votado por el Pleno.

7. c) Los concejales tienen el derecho y el deber de asistir, con voz y voto, a las sesiones del Pleno y a las de aquellos otros órganos colegiados de los que formen parte, salvo justa causa que se lo impida, que deberán comunicar con antelación suficiente al presidente del órgano de que se trate.

8. c) Ningún concejal podrá pertenecer a un grupo municipal diferente de aquel que corresponda a la lista electoral de la que hubiera formado parte. Las formaciones políticas que integren una coalición electoral, no podrán formar grupos independientes cuando se disuelva la coalición correspondiente.

9. a) Determinar los asuntos incluidos en el orden del día sobre los que se va a entablar debate.

10. a) Cuando así lo decida el Presidente.

11. b) Máximo tres.

12. c) Con independencia de que ostenten o no la condición de concejales.

13. a) Aprobación del acta de la sesión anterior; parte resolutiva; parte de información, impulso y control; declaraciones institucionales y mociones de urgencia.

14. b) En la administración del tiempo de debate, el presidente tendrá en cuenta lo acordado por la Junta de Portavoces en cuanto a la determinación de los asuntos objeto de debate, los turnos de intervenciones y la duración de estas.

15. c) Se abstienen los concejales que se hubieran ausentado del salón de sesiones una vez iniciada la deliberación de un asunto y no estuviesen presentes en el momento de la votación. En el supuesto de que se hubieran reintegrado al salón de sesiones antes de la votación podrán tomar parte en la misma.

16. b) Mayoría absoluta del número legal de concejales.

17. c) La moción de censura deberá ser propuesta, al menos, por la mayoría de dos tercios del número legal de miembros de la Corporación.

18. c) Ambas son correctas.

19. b) El Alcalde podrá delegar dichas competencias en las Juntas Municipales de Distrito, en sus concejales-presidentes y en los coordinadores de distrito.

20. c) Cubriéndose la vacante en la forma establecida en la legislación electoral.

21. a) Pueden ser simplemente recordatorios de una obligación o deber, contenidos en las disposiciones de carácter general.

22. c) El Alcalde podrá nombrar como miembros de la Junta de Gobierno a personas que no ostenten la condición de concejal, siempre que su número no supere un tercio de sus miembros, excluido el Alcalde. Sus derechos económicos y prestaciones sociales serán los de los miembros electivos.

23. b) El Alcalde.

24. c) Ambas son correctas.

25. a) Las sesiones de la Junta de Gobierno de la Ciudad de Madrid se celebrarán previa convocatoria del Alcalde, pudiendo ser ordinarias de periodicidad preestablecida y extraordinarias, que pueden ser, además, urgentes.

26. b) El Alcalde, del concejal-secretario o, en su caso, de quienes les sustituyan, y la de la mitad, al menos, de sus miembros y, en todo caso, que el número de miembros de la misma que ostente la condición de concejal presentes sea superior al número de aquellos miembros que no ostenten dicha condición.

27. c) La Junta de Gobierno no conocerá asuntos que no estén incluidos en alguna de las relaciones contempladas anteriormente salvo que, presentados al Alcalde inmediatamente antes de la celebración de la sesión, este los admita y sus miembros lo acuerden por unanimidad.

28. c) La justificación de haber cumplimentado los demás trámites facultativos y no vinculantes, sin perjuicio de que los miembros del Pleno puedan consultar la documentación íntegra de los asuntos.

29. a) Plazo no superior a dos días hábiles.

30. c) El acuerdo de constitución de una comisión delegada determinará su carácter permanente o temporal, los miembros de la Junta, de entre los que se designará a su presidente y, en su caso, los concejales con responsabilidades de gobierno que la integran, así como las funciones que se le atribuyen.

TEST N.º 4

**La organización política y administrativa del Ayuntamiento de Madrid (II):
Administración Pública. La Intervención General. La Tesorería.
El Tribunal Económico-Administrativo Municipal. Organismo Autónomo
Agencia Tributaria Madrid. La Asesoría Jurídica**

1. El titular de la Intervención General del Ayuntamiento de Madrid tiene carácter directivo y ha de ser:

a) Funcionario de carrera de la Administración General del Estado.
b) Personal laboral.
c) Funcionario de Administración Local con habilitación de carácter nacional.

2. En relación con los letrados del Ayuntamiento de Madrid es cierto que:

a) Los puestos de trabajo que tengan encomendados el desempeño de las funciones de representación y defensa en juicio, y asesoramiento ejercidas por letrados, se adscribirán, con carácter exclusivo, a los funcionarios del cuerpo de letrados en el que se ingresará mediante libre designación, entre licenciados en Derecho.
b) Los letrados del Ayuntamiento de Madrid, por el hecho de su nombramiento y toma de posesión en el destino, quedan habilitados para el ejercicio de todas las funciones y para el desempeño de todos los servicios propios de su cargo.
c) Los letrados de la Asesoría Jurídica pueden desarrollar sus funciones en régimen de dedicación exclusiva, con incompatibilidad respecto de cualquier otra actividad profesional. En concreto, pueden defender intereses ajenos contra los del Ayuntamiento de Madrid, y prestar servicios o estar asociados en despachos que lo hagan.

3. El Tribunal Económico-Administrativo estará integrado por:

a) Un número impar de miembros, con un mínimo de tres y un máximo de siete, todos ellos con voz y voto.
b) Un número par de miembros, con un mínimo de dos y un máximo de ocho, todos ellos con voz pero sin voto.
c) Un número impar de miembros, con un mínimo de cinco y un máximo de 13, todos ellos con voz y voto.

4. En relación con el Tribunal Económico-Administrativo no es cierto que:

a) Funcionará en Pleno.

b) Para asistir al Presidente en el ejercicio de sus funciones gubernativas, se constituirá una Sala de Gobierno.

c) A sus reuniones asistirá, con voz y voto, el Secretario General del Tribunal.

5. Los letrados que desarrollen la función contenciosa deberán:

a) Asistir a las entidades o empleados públicos en la situación procesal de los asuntos cuya representación y defensa se asuma, de conformidad con lo que se disponga reglamentariamente.

b) Asistir a las vistas y a las diligencias de prueba, así como evacuar los trámites orales o escritos en tiempo y forma.

c) Realizar la policía de estrados que en cada caso corresponda con cumplimiento de la normativa aplicable.

6. Para la consecución de una gestión integral del sistema tributario municipal, el Pleno se regirá por los principios de:

a) Eficacia, eficiencia, cooperación, coordinación y sometimiento pleno a la Ley y al Derecho.

b) Eficiencia, suficiencia, agilidad y unidad en la gestión.

c) Unidad de acto.

7. Corresponde a la Asesoría Jurídica informar, con carácter previo y preceptivo, en los siguientes asuntos:

a) Los supuestos en que la legislación sobre control interno de las Entidades Locales, así lo exija.

b) El planteamiento de conflictos de autonomía local.

c) Las propuestas de resolución en los procedimientos de declaración de lesividad.

8. La Agencia Tributaria Madrid es:

a) Una entidad pública, dotada de personalidad jurídica pública única.

b) Un organismo autónomo, dotado de personalidad jurídica pública diferenciada.

c) Una sociedad de economía mixta.

9. ¿A qué órgano le corresponde el análisis de las previsiones de ingresos públicos y el diseño de la política global de ingresos tributarios?

a) Al Tribunal Económico-Administrativo.

b) A la Agencia Tributaria Madrid.

c) A la Intervención General.

10. La función de tesorería comprende, según el artículo 5 del Real Decreto 128/2018, de 16 de marzo, por el que se regula el régimen jurídico de los funcionarios de Administración Local con habilitación de carácter nacional:

a) La secretaría del órgano correspondiente de la Entidad Local.

b) La elaboración de fondos, valores y efectos de la Entidad Local, de conformidad con lo establecido en las disposiciones legales vigentes.

c) La elaboración y acreditación del periodo medio de pago a proveedores de la Entidad Local, otros datos estadísticos e indicadores de gestión que, en cumplimiento de la legislación sobre transparencia y de los objetivos de estabilidad presupuestaria, sostenibilidad financiera, gasto público y morosidad, deban ser suministrados a otras administraciones o publicados en la web u otros medios de comunicación de la Entidad, siempre que se refieran a funciones propias de la Tesorería.

11. Señala la respuesta correcta, respecto al Tribunal Económico-Administrativo Municipal:

a) El Tribunal Económico-Administrativo Municipal de Madrid es el órgano especializado en el conocimiento y resolución de las reclamaciones económico-administrativas sobre actos de aplicación de los tributos e imposición de sanciones tributarias y sobre actos recaudatorios de ingresos de derecho público no tributarios de competencia del Ayuntamiento de Madrid y de las entidades de derecho público vinculadas o dependientes del mismo.

b) El Tribunal Económico-Administrativo Municipal de Madrid se rige por lo dispuesto en el artículo 25 de la Ley 22/2006, de 4 de julio, de Capitalidad y de Régimen Especial de Madrid y por el Reglamento Orgánico del Gobierno y Administración del Ayuntamiento de Madrid.

c) En todas aquellas materias no expresamente reguladas por el Reglamento Orgánico del Tribunal Económico-Administrativo Municipal se estará a lo dispuesto en la Ley de Haciendas Locales y la normativa dictada para su desarrollo en relación a las reclamaciones económico-administrativas.

12. Los informes de los Letrados:

a) Son vinculantes y en todo caso, facultativos.

b) Se emiten en cinco días, en todo caso.

c) El plazo para evacuarlos será de diez días, salvo que una disposición o el cumplimiento del resto de los plazos del procedimiento permita o exija otro plazo mayor o menor.

13. Las funciones de presupuestación comprenden las siguientes actividades, sin perjuicio de las demás que pueda delegarle el Alcalde:

a) La elaboración del Proyecto de Presupuesto General del Ayuntamiento de Madrid para su aprobación por el Pleno.

b) El análisis y evaluación de los programas de gasto que integran el Presupuesto General del Ayuntamiento de Madrid.

c) La definición y mantenimiento del Presupuesto General del Ayuntamiento de Madrid.

14. Entre las funciones del Presidente de la Agencia Tributaria Madrid, no se encuentra la siguiente:

a) Ejercitar las actuaciones imprescindibles en caso de urgencia, así como adoptar las resoluciones necesarias para la interposición de recursos administrativos, dando cuenta al Consejo Rector en la primera sesión que se celebre.

b) Aprobar el plan de actuación anual y la memoria anual de actividades.

c) Dictar instrucciones y circulares sobre las materias que sean competencia de la Agencia Tributaria Madrid y, en especial, para fijar directrices y criterios orientados a la aplicación uniforme de los tributos municipales.

15. Señala la respuesta correcta sobre el Consejo Rector, máximo órgano de gobierno y dirección de la Agencia Tributaria Madrid:

a) Los miembros del Consejo Rector serán nombrados y, en su caso, cesados por Acuerdo de la Junta de Gobierno de la Ciudad de Madrid a propuesta del Alcalde, conforme a los criterios que se expresan en los apartados siguientes.

b) En todo caso, habrá un vocal designado por cada grupo político con representación en el Ayuntamiento de Madrid. A estos efectos, el grupo político deberá designar un concejal o un técnico que le represente con carácter permanente.

c) Los demás vocales serán nombrados entre concejales, miembros de la Junta de Gobierno de la Ciudad de Madrid, titulares de órganos directivos, técnicos al servicio de las Administraciones Públicas y, en su caso, expertos de reconocida competencia en las materias atribuidas a la Agencia Tributaria Madrid, y cesarán automáticamente si pierden la condición que determinó su nombramiento.

16. Indica de cuál de las siguientes fuentes no provienen los recursos económicos de la Agencia Tributaria Madrid:

a) Las transferencias corrientes o de capital como consecuencia del patrocinio de actividades.

b) Los ingresos ordinarios y extraordinarios que esté autorizada a percibir, según las disposiciones por las que se rijan.

c) Las donaciones, legados y otras aportaciones de entidades privadas y de particulares.

17. ¿A quién le corresponde, dentro del Tribunal Económico-Administrativo, preparar y elevar la propuesta de presupuesto anual del Tribunal y sus modificaciones?

a) A los Vocales.

b) Al Pleno del Tribunal.

c) Al Presidente del Tribunal.

18. Entre las funciones de la Secretaría General del Tribunal Económico-Administrativo no se encuentra:

a) Llevar registros, libros de actas y archivar los testimonios de las resoluciones dictadas en cada uno de los distintos años naturales.

b) Elaborar las estadísticas relativas al funcionamiento del Tribunal y preparar la documentación necesaria para la rendición de la memoria a que se refiere el artículo 10.3 del presente Reglamento Orgánico.

c) Autorizar y disponer el gasto y reconocer las obligaciones en las condiciones y con los límites que se establezcan por la Junta de Gobierno.

19. En relación con el Tribunal Económico-Administrativo, la elaboración de estudios y propuestas en materia tributaria y de los dictámenes sobre los proyectos de ordenanzas fiscales, previo requerimiento de los órganos municipales competentes en materia tributaria, es competencia exclusiva de:

a) La Secretaría General.

b) El Pleno del Tribunal.

c) El Presidente de Sala.

20. La competencia del Tribunal Económico-Administrativo Municipal de Madrid:

a) Será irrenunciable e improrrogable.

b) Podrá ser alterada por la voluntad de los interesados.

c) Ambas son correctas.

21. Señala la respuesta correcta respecto a la composición del Tribunal Económico-Administrativo del Ayuntamiento de Madrid:

a) El Tribunal estará integrado por un número impar de miembros, con un mínimo de cinco y un máximo de siete, todos ellos con voz y voto.

b) El Presidente y los vocales del Tribunal serán designados por la Junta de Gobierno de la Ciudad de Madrid, a propuesta del Alcalde, con el voto favorable de la mayoría absoluta de los miembros que legalmente lo integren, entre funcionarios de reconocida competencia técnica en materia tributaria.

c) El mandato de los miembros del Tribunal tendrá una duración de cuatro años y cesará por alguna de las causas previstas y con arreglo al procedimiento contemplado en el artículo 25.4 de la Ley 22/2006, de 4 de julio, de Capitalidad y de Régimen Especial de Madrid.

22. Los miembros del Tribunal Económico-Administrativo del Ayuntamiento de Madrid cesarán:

a) Cuando lo acuerde la Junta de Gobierno con la misma mayoría que para su nombramiento.

b) Cuando sean condenados mediante sentencia firme por delito doloso.

c) Cuando sean sancionados mediante resolución firme por la comisión de una falta disciplinaria muy grave, grave o leve.

23. Señala la respuesta correcta:

a) El Presidente del Tribunal elevará a la Junta de Gobierno, en los dos primeros meses de cada año, a través del Pleno del Ayuntamiento, una memoria en la que expondrá la actividad desarrollada en el año anterior, recogerá las observaciones que resulten del ejercicio de sus funciones y realizará las sugerencias que considere oportunas para mejorar el funcionamiento de los servicios sobre los cuales se proyectan sus competencias.

b) El Presidente del Tribunal elevará al Pleno del Ayuntamiento, en los dos primeros meses de cada año, a través de la Junta de Gobierno, una memoria en la que expondrá la actividad desarrollada en el año anterior, recogerá las observaciones que resulten del ejercicio de sus funciones y realizará las sugerencias que considere oportunas para mejorar el funcionamiento de los servicios sobre los cuales se proyectan sus competencias.

c) El Presidente del Tribunal elevará al Pleno del Ayuntamiento, en los tres primeros meses de cada año, a través de la Secretaría, una memoria en la que expondrá la actividad desarrollada en el año anterior, recogerá las observaciones que resulten del ejercicio de sus funciones y realizará las sugerencias que considere oportunas para mejorar el funcionamiento de los servicios sobre los cuales se proyectan sus competencias.

24. Dentro del Tribunal Económico-Administrativo, ¿quién es competente para proponer las resoluciones y demás acuerdos de terminación en el procedimiento general económico-administrativo?

a) El Pleno del Tribunal.
b) Su Presidente.
c) Los vocales.

25. ¿Qué ocurre en caso de disparidad en los criterios manifestados en sus resoluciones por las salas o los órganos unipersonales del Tribunal Económico-Administrativo?

a) Corresponde a la Junta de Gobierno adoptar los acuerdos necesarios para su unificación.

b) Incumbe exclusivamente al Pleno del Tribunal la adopción de los acuerdos necesarios para su unificación.

c) Decide quien tenga voto de calidad.

26. Señala, entre las siguientes, qué función de la Agencia Tributaria Madrid es incorrecta:

a) La recaudación en período ejecutivo de los demás ingresos de derecho público del Ayuntamiento y de aquellos otros cuya gestión se le encomiende.

b) La tramitación y resolución de los expedientes sancionadores tributarios relativos a los tributos cuya competencia gestora tenga atribuida, y la de los expedientes sancionadores relativos a la recaudación del resto de ingresos públicos cuya gestión recaudatoria le corresponda.

c) El seguimiento y la ordenación de las previsiones de ingresos públicos y el diseño de las normas tributarias propias del Ayuntamiento.

27. Al Director de la Agencia Tributaria Madrid le corresponde, en materia de ordenación de los tributos y estudios tributarios:

a) La interpretación de las normas tributarias propias del Ayuntamiento y la contestación de las consultas tributarias escritas que se formulen, de conformidad con lo dispuesto en el artículo 13 del texto refundido de la Ley Reguladora de las Haciendas Locales y artículo 88 de la Ley General Tributaria, en relación con los tributos gestionados por este Ayuntamiento.

b) La prestación de los servicios de información y asistencia a los contribuyentes en relación con los tributos municipales.

c) La aprobación y notificación de las liquidaciones individuales y la formación, aprobación, exposición y gestión de las matrículas de los tributos municipales de vencimiento periódico y notificación colectiva, sin perjuicio de las competencias legalmente atribuidas a otras Administraciones.

28. En materia de gestión de ingresos públicos, el Director de la Agencia Tributaria Madrid no ejerce las siguientes competencias:

a) La realización y publicación, en su caso, de cualesquiera estudios jurídicos y económicos relativos a los tributos municipales.

b) La prestación de los servicios de información y asistencia a los contribuyentes en relación con los tributos municipales.

c) Ejercer las potestades de investigación, comprobación, liquidación y sanción a través de los servicios a su cargo y aprobar el Plan Anual de Control Tributario.

29. Le corresponde al Director de la Agencia Tributaria Madrid, en materia de gestión de ingresos públicos:

a) La tramitación y resolución de los expedientes sancionadores por infracciones tributarias o por incumplimiento de los deberes y obligaciones relativos a la recaudación de los ingresos de derecho público cuya gestión recaudatoria corresponda a la Agencia.

b) El reconocimiento y aplicación de los beneficios fiscales, así como la solicitud ante las Administraciones correspondientes de las compensaciones que procedan.

c) Ambas son correctas.

30. ¿A quién le corresponde, dentro de la Agencia Tributaria Madrid, la aprobación y comprobación del inventario de bienes del Organismo?

a) Al Consejo Rector.
b) Al Presidente.
c) Al Director.

Solución al test n.º 4

1. c) Funcionario de Administración Local con habilitación de carácter nacional.

2. b) Los letrados del Ayuntamiento de Madrid, por el hecho de su nombramiento y toma de posesión en el destino, quedan habilitados para el ejercicio de todas las funciones y para el desempeño de todos los servicios propios de su cargo.

3. a) Un número impar de miembros, con un mínimo de tres y un máximo de siete, todos ellos con voz y voto.

4. c) A sus reuniones asistirá, con voz y voto, el Secretario General del Tribunal.

5. a) Mantener informados a las entidades o empleados públicos de la situación procesal de los asuntos cuya representación y defensa se asuma, de conformidad con lo que dispongan las instrucciones dictadas al respecto

6. b) Eficiencia, suficiencia, agilidad y unidad en la gestión.

7. c) Las propuestas de resolución en los procedimientos de declaración de lesividad.

8. b) Un organismo autónomo, dotado de personalidad jurídica pública diferenciada.

9. b) A la Agencia Tributaria Madrid.

10. c) La elaboración y acreditación del periodo medio de pago a proveedores de la Entidad Local, otros datos estadísticos e indicadores de gestión que, en cumplimiento de la legislación sobre transparencia y de los objetivos de estabilidad presupuestaria, sostenibilidad financiera, gasto público y morosidad, deban ser suministrados a otras administraciones o publicados en la web u otros medios de comunicación de la Entidad, siempre que se refieran a funciones propias de la Tesorería.

11. a) El Tribunal Económico-Administrativo Municipal de Madrid es el órgano especializado en el conocimiento y resolución de las reclamaciones económico-administrativas sobre actos de aplicación de los tributos e imposición de sanciones tributarias y sobre actos recaudatorios de ingresos de derecho público no tributarios de competencia del Ayuntamiento de Madrid y de las entidades de derecho público vinculadas o dependientes del mismo.

12. c) El plazo para evacuarlos será de diez días, salvo que una disposición o el cumplimiento del resto de los plazos del procedimiento permita o exija otro plazo mayor o menor.

13. b) El análisis y evaluación de los programas de gasto que integran el Presupuesto General del Ayuntamiento de Madrid.

14. b) Aprobar el plan de actuación anual y la memoria anual de actividades.

15. c) Los demás vocales serán nombrados entre concejales, miembros de la Junta de Gobierno de la Ciudad de Madrid, titulares de órganos directivos, técnicos al servicio de las Administraciones Públicas y, en su caso, expertos de reconocida competencia en las materias atribuidas a la Agencia Tributaria Madrid, y cesarán automáticamente si pierden la condición que determinó su nombramiento.

16. a) Las transferencias corrientes o de capital como consecuencia del patrocinio de actividades.

17. c) Al Presidente del Tribunal.

18. c) Autorizar y disponer el gasto y reconocer las obligaciones en las condiciones y con los límites que se establezcan por la Junta de Gobierno.

19. b) El Pleno del Tribunal.

20. a) Será irrenunciable e improrrogable.

21. c) El mandato de los miembros del Tribunal tendrá una duración de cuatro años y cesará por alguna de las causas previstas y con arreglo al procedimiento contemplado en el artículo 25.4 de la Ley 22/2006, de 4 de julio, de Capitalidad y de Régimen Especial de Madrid.

22. b) Cuando sean condenados mediante sentencia firme por delito doloso.

23. b) El Presidente del Tribunal elevará al Pleno del Ayuntamiento, en los dos primeros meses de cada año, a través de la Junta de Gobierno, una memoria en la que expondrá la actividad desarrollada en el año anterior, recogerá las observaciones que resulten del ejercicio de sus funciones y realizará las sugerencias que considere oportunas para mejorar el funcionamiento de los servicios sobre los cuales se proyectan sus competencias.

24. c) Los vocales.

25. b) Incumbe exclusivamente al Pleno del Tribunal la adopción de los acuerdos necesarios para su unificación.

26. c) El seguimiento y la ordenación de las previsiones de ingresos públicos y el diseño de las normas tributarias propias del Ayuntamiento.

27. a) La interpretación de las normas tributarias propias del Ayuntamiento y la contestación de las consultas tributarias escritas que se formulen, de conformidad con lo dispuesto en el artículo 13 del texto refundido de la Ley Reguladora de las Haciendas Locales y artículo 88 de la Ley General Tributaria, en relación con los tributos gestionados por este Ayuntamiento.

28. a) La realización y publicación, en su caso, de cualesquiera estudios jurídicos y económicos relativos a los tributos municipales.

29. c) Ambas son correctas.

30. a) Al Consejo Rector.

Reglamento Orgánico del Gobierno y de la Administración del Ayuntamiento de Madrid, de 31 de mayo de 2004 (I): las Áreas de Gobierno y su estructura interna. Órganos superiores de las Áreas de Gobierno; Órganos centrales directivos. Número y denominación de las actuales Áreas de Gobierno

1. Para ejercer las competencias y desarrollar las funciones de gobierno y administración que les correspondan, las Áreas de Gobierno, en las que podrá existir uno o más coordinadores generales, contarán con:

a) Un Coordinador General y se estructurarán por bloques de competencias de naturaleza homogénea a través de Secretarías Generales u órganos similares.

b) Un Director General y se estructurarán por bloques de competencias de naturaleza homogénea a través de Coordinadores Generales u órganos similares.

c) Una Secretaría General Técnica y se estructurarán por bloques de competencias de naturaleza homogénea a través de Direcciones Generales u órganos similares.

2. Los órganos creados como instrumentos destacados para la gestión eficaz de determinados servicios públicos y que son objeto de regulación en el Título VII del Reglamento Orgánico del Gobierno y de la Administración del Ayuntamiento de Madrid se denominan:

a) Órganos colegiados.

b) Organismos públicos.

c) Distritos.

3. ¿Qué órganos constituyen el segundo nivel de la organización de las Áreas de Gobierno y les corresponden las funciones de coordinación de las distintas Direcciones Generales que integran aquellas?

a) Los órganos directivos.

b) Los órganos superiores.

c) Los órganos colegiados.

4. El Secretario General Técnico podrá depender funcionalmente de un Área de Coordinación o Delegada:

a) En todo caso.

b) Excepcionalmente, en los casos en los que el Área de Gobierno esté estructurada en Áreas de Coordinación o Delegadas.

c) En ningún caso.

5. Señala la respuesta correcta respecto a las Áreas de Gobierno y su estructura interna:

a) Las Áreas de Gobierno constituyen los niveles esenciales de la organización municipal y comprenden, cada una de ellas, uno o varios sectores funcionalmente homogéneos de la actividad administrativa municipal.

b) De las mismas no podrán depender otras Áreas de Coordinación o Delegadas.

c) El número de Áreas de Gobierno no podrá exceder de 12, correspondiendo al Pleno, al amparo de lo previsto en el artículo 123.1.c) en relación con las facultades que le atribuye el artículo 124.4.k) de la Ley 7/1985, de 2 de abril, determinar el número, denominación y atribuciones de las Áreas, sin perjuicio de las competencias que le puedan delegar otros órganos municipales.

6. ¿Qué órganos ejercen sus competencias exclusivamente en el ámbito de un distrito?

a) Los órganos centrales.

b) Los órganos territoriales.

c) Los organismos públicos.

7. Señala la respuesta correcta, relativa a la organización central del Ayuntamiento de Madrid:

a) La organización central del Ayuntamiento de Madrid se estructura en unidades departamentales denominadas Áreas de Gobierno, comprendiendo cada una de ellas uno o varios sectores funcionalmente homogéneos de la actividad administrativa. Estas Áreas se organizan en los órganos directivos que determine el Pleno y en las demás unidades que se creen por la relación de puestos de trabajo, sin perjuicio de las Áreas de Coordinación o Delegadas que asimismo puedan crearse.

b) La organización central del Ayuntamiento de Madrid se estructura en unidades departamentales denominadas Áreas de Gobierno, comprendiendo cada una de ellas uno o varios sectores funcionalmente homogéneos de la actividad administrativa. Estas Áreas se organizan en los órganos directivos que determine el Alcalde y en las demás unidades que se creen por la relación de puestos de trabajo, sin perjuicio de las Áreas de Coordinación o Delegadas que asimismo puedan crearse.

c) La organización central del Ayuntamiento de Madrid se estructura en unidades departamentales denominadas, Áreas de Gobierno, comprendiendo cada una de ellas uno o varios sectores funcionalmente homogéneos de la actividad administrativa. Estas Áreas se organizan en los órganos directivos que determine la Junta de Gobierno de la Ciudad de Madrid y en las demás unidades que se creen por la relación de puestos de trabajo, sin perjuicio de las Áreas de Coordinación o Delegadas que asimismo puedan crearse.

8. Junto a los órganos centrales directivos, el Reglamento del Gobierno y Administración del Ayuntamiento de Madrid prevé, siguiendo las disposiciones contenidas al respecto en el Título X de la LRBRL, la existencia de otros cuya especialidad viene determinada por la naturaleza de sus funciones o competencias. Estos órganos son:

a) La Asesoría Jurídica, como órgano encargado de la asistencia jurídica del Ayuntamiento de Madrid y a sus organismos públicos, en el que se integra el Cuerpo de Letrados del Ayuntamiento de Madrid, así como el resto de los empleados públicos que componen sus diferentes unidades.

b) La Asesoría Jurídica como órgano encargado de la asistencia jurídica del Alcalde, la Junta de Portavoces; los concejales presidentes y los vocales.

c) Los Foros Locales, la Junta de Portavoces, la Junta Municipal de Distrito y los vecinos.

9. El número de Áreas de Gobierno:

a) No podrá exceder de 10.
b) No podrá exceder de 15.
c) No podrá ser inferior a 5 ni superior a 15.

10. Indica la respuesta correcta respecto a la estructura de las Áreas de Gobierno del Ayuntamiento de Madrid:

a) En ellas podrá existir uno o más coordinadores generales, contarán con una Dirección General y se estructurarán por bloques de competencias de naturaleza homogénea a través de Subsecretarías u órganos similares.

b) En ellas podrá existir un coordinador general al frente, contarán con una Secretaría General y se estructurarán por bloques de competencias de naturaleza homogénea a través de Subdirecciones Generales u órganos similares.

c) En ellas podrá existir uno o más coordinadores generales, contarán con una Secretaría General Técnica y se estructurarán por bloques de competencias de naturaleza homogénea a través de Direcciones Generales u órganos similares.

11. Cuando así lo prevean los acuerdos de la Junta de Gobierno de Organización Administrativa, los órganos directivos:

a) Podrán depender directamente de la Junta de Gobierno de la Ciudad de Madrid.

b) De ellos podrán depender otros órganos directivos y aquellos organismos públicos con competencias de carácter instrumental y de prestación de servicios internos a todas las Áreas de Gobierno. En este último caso, corresponderá al titular del órgano directivo la presidencia del organismo público que de él dependa.

c) En todo caso, un órgano directivo podrá depender de otro órgano directivo del mismo rango.

12. ¿A quién no le corresponde ejercer la representación, dirección, gestión e inspección del Área de la que sean titulares?

a) A los concejales de Gobierno.
b) A los consejeros-delegados de Gobierno.
c) A los concejales-presidentes.

13. ¿Quién es el encargado de coordinar las distintas direcciones generales u órganos asimilados que integran el Área de Gobierno?

a) El concejal de coordinación.
b) El coordinador general.
c) El concejal-presidente.

14. ¿Cómo se denominará el órgano central directivo a quien corresponde la gestión de los servicios comunes de cada Área de Gobierno?

a) Concejal de coordinación.
b) Secretario General Técnico.
c) Coordinador General Técnico.

15. ¿Quién es competente para asistir jurídica y técnicamente al titular del Área de Gobierno, sin perjuicio de las competencias atribuidas a la Asesoría Jurídica?

a) El coordinador general.
b) El Secretario General Técnico.
c) El consejero-delegado.

16. ¿Cómo se denominan los titulares de los órganos directivos a los que corresponde, bajo la dependencia directa de un coordinador general o de un concejal de coordinación o delegado, la dirección y gestión de uno o varios ámbitos de competencias funcionalmente homogéneos?

a) Secretario General Técnico.
b) Director General.
c) Coordinador General.

17. ¿Qué órgano es el encargado de nombrar y cesar a los coordinadores generales, secretarios generales técnicos y directores generales?

a) El titular del Área de Gobierno.
b) El concejal competente.
c) La Junta de Gobierno.

18. Un puesto directivo de coordinador general:

a) Exige estar provisto por personal que ostente la condición de funcionario.
b) Puede ser provisto por personal que no ostente la condición de funcionario.
c) Siempre será personal eventual.

19. ¿Qué forma revestirán las decisiones administrativas que adopten los órganos directivos?

a) Orden.
b) Decreto.
c) Resolución.

20. La función pública de control y fiscalización interna de la gestión económico-financiera y presupuestaria, en su triple acepción de función interventora, función de control financiero y función de control de eficacia, correspondea:

a) La Agencia Tributaria Madrid.
b) La Intervención General.
c) La Tesorería.

21. ¿Quién es competente para proponer a la Junta de Gobierno la aprobación de los proyectos de disposiciones de carácter general y las demás propuestas que correspondan en el ámbito de sus competencias?

a) El Coordinador General.
b) Los concejales de Gobierno y los consejeros-delegados.
c) El Secretario General Técnico.

22. Señala la respuesta correcta:

a) La organización central del Ayuntamiento de Madrid se estructura en unidades departamentales denominadas Áreas de Gobierno.
b) Cada Área de Gobierno comprende uno o varios sectores funcionalmente heterogéneos de la actividad administrativa.
c) Estas Áreas se organizan en los órganos directivos que determine la Junta de Gobierno.

23. Según el artículo 123.1. c) de la Ley 7/1985, de 2 de abril, no tiene naturaleza orgánica:

a) La regulación del Pleno y del Consejo Social de la ciudad.
b) La regulación de la Junta de Gobierno de la ciudad de Madrid.
c) La regulación del órgano para la resolución de las reclamaciones económico-administrativas.

24. Entre las competencias de los Directores Generales no se encuentra la siguiente:

a) La elaboración de proyectos de disposiciones, acuerdos y convenios respecto de las materias de su ámbito de funciones.
b) Las que les deleguen los demás órganos municipales.
c) La evaluación del presupuesto anual que se les asigne.

25. Las Corporaciones municipales se constituyen en sesión pública:

a) El vigésimo día posterior a la celebración de elecciones.
b) En el mismo plazo establecido en el Congreso de los Diputados.
c) El vigésimo octavo día posterior a la celebración de las elecciones.

26. El Área de Gobierno competente en Economía se denomina:

a) Área de Gobierno de Economía y Competitividad.
b) Área de Gobierno de Economía y Hacienda.
c) Área de Gobierno de Economía, Innovación y Hacienda.

27. ¿A quién compete determinar el número, denominación y atribuciones de las Áreas?

a) Al Alcalde.
b) A los concejales.
c) A la Junta de Gobierno.

28. Señala la respuesta correcta:

a) Excepcionalmente, un órgano directivo podrá depender de otro órgano directivo del mismo rango.
b) El coordinador general, jerárquicamente se encuentra por debajo del director general.
c) Proponer al Alcalde la aprobación de los proyectos de organización y estructura del Área corresponde a la Asesoría Jurídica.

29. Indica, de las siguientes, qué respuesta es la correcta:

a) Del Área de Gobierno de Economía, Innovación y Hacienda depende el Área Delegada de Coordinación Territorial, Transparencia y Protección de Datos.
b) Del Área de Gobierno de Cultura, Turismo y Deporte depende el Área Delegada de Artes Escénicas.
c) Ninguna es correcta.

30. Del Área de Gobierno de Urbanismo, Medio Ambiente y Movilidad dependerán las siguientes Áreas Delegadas:

a) Área Delegada de Turismo.
b) Área Delegada de Deporte.
c) Área Delegada de Limpieza y Zonas Verdes.

Solución al test n.º 5

1. c) Una Secretaría General Técnica y se estructurarán por bloques de competencias de naturaleza homogénea a través de Direcciones Generales u órganos similares.

2. b) Organismos públicos.

3. a) Los órganos directivos.

4. b) Excepcionalmente, en los casos en los que el Área de Gobierno esté estructurada en Áreas de Coordinación o Delegadas.

5. a) Las Áreas de Gobierno constituyen los niveles esenciales de la organización municipal y comprenden, cada una de ellas, uno o varios sectores funcionalmente homogéneos de la actividad administrativa municipal.

6. b) Los órganos territoriales.

7. b) La organización central del Ayuntamiento de Madrid se estructura en unidades departamentales denominadas Áreas de Gobierno, comprendiendo cada una de ellas uno o varios sectores funcionalmente homogéneos de la actividad administrativa. Estas Áreas se organizan en los órganos directivos que determine el Alcalde y en las demás unidades que se creen por la relación de puestos de trabajo, sin perjuicio de las Áreas de Coordinación o Delegadas que asimismo puedan crearse.

8. a) La Asesoría Jurídica, como órgano encargado de la asistencia jurídica del Ayuntamiento de Madrid y a sus organismos públicos, en el que se integra el Cuerpo de Letrados del Ayuntamiento de Madrid, así como el resto de los empleados públicos que componen sus diferentes unidades.

9. b) No podrá exceder de 15.

10. c) En ellas podrá existir uno o más coordinadores generales, contarán con una Secretaría General Técnica y se estructurarán por bloques de competencias de naturaleza homogénea a través de Direcciones Generales u órganos similares.

11. b) De ellos podrán depender otros órganos directivos y aquellos organismos públicos con competencias de carácter instrumental y de prestación de servicios internos a todas las Áreas de Gobierno. En este último caso, corresponderá al titular del órgano directivo la presidencia del organismo público que de él dependa.

12. c) A los concejales-presidentes.

13. b) El coordinador general.

14. b) Secretario General Técnico.

15. b) El Secretario General Técnico.

16. b) Director General.

17. c) La Junta de Gobierno.

18. b) Puede ser provisto por personal que no ostente la condición de funcionario.

19. c) Resolución.

20. b) La Intervención General.

21. b) Los concejales de Gobierno y los consejeros-delegados.

22. a) La organización central del Ayuntamiento de Madrid se estructura en unidades departamentales denominadas Áreas de Gobierno.

23. b) La regulación de la Junta de Gobierno de la ciudad de Madrid.

24. c) La evaluación del presupuesto anual que se les asigne.

25. a) El vigésimo día posterior a la celebración de elecciones.

26. c) Área de Gobierno de Economía, Innovación y Hacienda.

27. a) Al Alcalde.

28. a) Excepcionalmente, un órgano directivo podrá depender de otro órgano directivo del mismo rango.

29. c) Ninguna es correcta.

30. c) Área Delegada de Limpieza y Zonas Verdes.

Reglamento Orgánico del Gobierno y de la Administración del Ayuntamiento de Madrid, de 31 de mayo de 2004 (II): Los Distritos: Disposiciones generales. El Concejal Presidente. Estructura administrativa

1. Al Pleno de la Corporación:

a) Le corresponde la creación de los distritos y a la Junta de Gobierno de la Ciudad de Madrid, determinar el porcentaje mínimo de los recursos presupuestarios de la Corporación que deberán gestionarse por los distritos en su conjunto.

b) Le corresponde la creación de los distritos así como determinar el porcentaje mínimo de los recursos presupuestarios de la Corporación que deberán gestionarse por los distritos en su conjunto.

c) Le corresponde determinar el porcentaje mínimo de los recursos presupuestarios de la Corporación que deberán gestionarse por los distritos en su conjunto, delegando en todo caso, la creación de los distritos a la Junta de Gobierno de la Ciudad de Madrid.

2. Los recursos presupuestarios que serán gestionados por los Distritos en su conjunto:

a) No serán en ningún caso superiores al 11 por 100 del presupuesto del Ayuntamiento.

b) Podrán ser en cualquier caso inferiores al 11 por 100 del presupuesto del Ayuntamiento.

c) No serán en ningún caso inferiores al 11 por 100 del presupuesto del Ayuntamiento.

3. ¿En cuántos distritos se divide el término municipal de Madrid?

a) 21.

b) 22.

c) 23.

4. El Consejo de Proximidad:

a) Un órgano de información, participación y deliberación ciudadana, con capacidad para la adopción de acuerdos de iniciativas y propuestas, acerca de aquellos aspectos de interés del distrito, sin perjuicio de que las referencias que se hagan a este órgano en el reglamento orgánico lo sean únicamente al órgano de participación ciudadana.

b) Es un órgano de información y de participación ciudadana presencial y consultiva, con capacidad para la adopción de acuerdos de iniciativas y propuestas acerca de todos aquellos aspectos inherentes a la acción municipal en el Distrito.

c) Es un órgano de información y de participación ciudadana no presencial y deliberativa, con capacidad para la adopción de acuerdos de iniciativas y propuestas acerca de todos aquellos aspectos inherentes a la acción municipal en el Distrito.

5. Cada grupo político podrá estar asistido por concejales designados por su grupo municipal que tendrán la función de acompañar a su respectivo grupo municipal, en el distrito:

a) Sí, correcto, hasta por 2 concejales.

b) Sí, únicamente por un concejal.

c) No, no se contempla la asistencia por concejales.

6. ¿A qué órgano le corresponde la dirección y gestión de los servicios de su competencia, bajo la superior dirección del Concejal-Presidente?

a) La Junta Municipal del Distrito.

b) Al Coordinador del Distrito.

c) Al Consejo de Proximidad.

7. Los vocales vecinos que componen la Junta Municipal del Distrito:

a) Son nombrados, entre vecinos, por el alcalde a propuesta de los grupos políticos.

b) Son nombrados, entre concejales y vecinos, por los grupos políticos a propuesta del alcalde.

c) Son nombrados, entre concejales y vecinos, por la Junta Municipal del Distrito.

8. ¿Cuándo celebrarán las Juntas Municipales de los Distritos, sesión plenaria ordinaria?

a) Una vez cada dos meses.

b) Una vez al mes.

c) Una vez cada quince días.

9. ¿A quién le corresponde convocar y presidir las sesiones de los órganos colegiados del distrito?

a) Al Alcalde.

b) Al Concejal-Presidente.

c) Al Coordinador del Distrito.

10. Determinar los asuntos incluidos en el orden del día sobre los que se va a entablar debate, es una función de:

a) El Concejal-Presidente.
b) El Coordinador del Distrito.
c) La Junta de Portavoces.

11. Señale la respuesta correcta respecto a las sesiones extraordinarias a solicitud de los miembros de las Juntas Municipales de los Distritos:

a) Ningún miembro de la Junta Municipal del Distrito podrá solicitar más de cuatro sesiones extraordinarias de la Junta al año.

b) La convocatoria suscrita por, al menos, la tercera parte del número legal de miembros de la Junta Municipal del Distrito, se solicitará por escrito, en el que se especificará el asunto que la motiva dentro del ámbito de las competencias propias de la Junta Municipal del Distrito, y se incluirá el texto del acuerdo que se quiera someter a debate y votación.

c) Si el concejal-presidente no convocase la sesión extraordinaria para su celebración en el plazo señalado, quedará automáticamente convocada la sesión plenaria de la Junta Municipal del Distrito para el décimo día hábil siguiente al de la finalización de dicho plazo, a la misma hora de celebración de las sesiones ordinarias, lo que será notificado por la Secretaría del Distrito a todos los miembros de la misma al día siguiente de la finalización del plazo citado anteriormente.

12. Una vez solicitada una sesión extraordinaria, a solicitud de los miembros de las Juntas Municipales de los Distritos, no podrá demorarse:

a) Más de quince días naturales.
b) Más de quince días hábiles.
c) Más de un mes.

13. Entre las competencias del Concejal-Presidente, no se encuentra la siguiente:

a) La dirección, planificación y coordinación de los servicios administrativos del distrito cuya jefatura inmediata ostenta, sin perjuicio de las competencias atribuidas a los órganos de gobierno del distrito.

b) Ejercer la superior dirección de los ámbitos de la actividad administrativa del distrito.

c) Fijar los objetivos del distrito y de su competencia, aprobar los planes de actuación del mismo y asignar los recursos necesarios para su ejecución, de acuerdo con las normas presupuestarias correspondientes.

14. Las decisiones administrativas que adopten los coordinadores de distrito, revestirán la forma de:

a) Acuerdos.
b) Decretos.
c) Resoluciones.

15. En caso de ausencia, vacante o enfermedad, el coordinador del distrito podrá ser sustituido:

a) Por quien designe el Alcalde.
b) Por quien designe el coordinador del Distrito.
c) Por quien designe el concejal-presidente del Distrito.

16. La supervisión del mantenimiento del inventario de bienes municipales adscritos al Distrito, es competencia de:

a) La Secretaría del Distrito.
b) El Concejal-Presidente.
c) El Coordinador del Distrito.

17. ¿A quién le corresponde fijar los objetivos del Distrito de su competencia, aprobar los planes de actuación del mismo y asignar los recursos necesarios para su ejecución, de acuerdo con las normas presupuestarias correspondientes?

a) Al Concejal-Presidente.
b) A la Junta de Portavoces.
c) Al Foro Local.

18. La evaluación de los servicios del Distrito, es competencia de:

a) La Secretaría del Distrito.
b) El Concejal-Presidente.
c) El coordinador del Distrito.

19. En relación a la Intervención Delegada, señala la respuesta correcta:

a) Será nombrado a propuesta del Concejal-Presidente.
b) Cada Distrito, podrá contar con un Interventor-Delegado.
c) Deben ser funcionarios de carrera del Subgrupo A1.

20. El control jurídico-administrativo de cuantas propuestas de acuerdo o resolución se eleven a la Junta Municipal del Distrito, al Concejal-Presidente o al Coordinador del Distrito, es competencia de:

a) La Secretaría del Distrito.
b) La Intervención Delegada.
c) La Coordinación del Distrito.

21. Las resoluciones administrativas que adopte el Concejal-Presidente revestirán la forma de:

a) Resolución.
b) Decreto.
c) Acuerdo.

22. ¿A quién le corresponde la propuesta y control de la implantación y mejora de aplicaciones y herramientas informáticas en el Distrito en coordinación con los servicios responsables en la materia?

a) A la Secretaría del Distrito.
b) Al Coordinador del Distrito.
c) Al Concejal-Presidente.

23. ¿Quién es el encargado de la Jefatura y gestión del personal adscrito al Distrito?

a) La Secretaría del Distrito.
b) A la Junta de Portavoces.
c) El Concejal-Presidente.

24. La figura del Concejal-Presidente se encuentra regulada en el Título II del Reglamento Orgánico de los Distritos del Ayuntamiento de Madrid. Señale la respuesta incorrecta en relación a esta figura:

a) Es nombrado y separado por el Alcalde.
b) En el ámbito de su Distrito y en el marco de sus competencias, corresponde al concejal-presidente cumplir y hacer cumplir las Leyes los Reglamentos y las Ordenanzas Municipales.
c) Le corresponde la coordinación de las relaciones de la Junta Municipal de distrito con el Área de Gobierno competente en materia de coordinación territorial y el resto de Áreas de Gobierno, organismos públicos y empresas municipales.

25. Señale cuál de las siguientes competencias no corresponde al Concejal-presidente:

a) Fijar los objetivos del Distrito y de su competencia, aprobar los planes de actuación del mismo y asignar los recursos necesarios para su ejecución, de acuerdo con las normas presupuestarias correspondientes.
b) Convocar y presidir las sesiones de la Junta Municipal del Distrito, así como establecer el orden del día de las mismas.
c) La coordinación de las relaciones de la Junta Municipal de distrito con el Área de Gobierno competente en materia de coordinación territorial y el resto de Áreas de Gobierno, organismos públicos y empresas municipales.

26. Indique cuál de las siguientes opciones contempla el listado correcto de los Distritos de Madrid:

a) - Centro. - Arganzuela. - Retiro. - Salamanca. - Chamartín. - Tetuán. - Chamberí. - Fuencarral-El Pardo. - Moncloa-Aravaca. - Latina. - Carabanchel. - Usera. - Puente de Vallecas. - Moratalaz. - Ciudad Lineal. - Hortaleza. - Villaverde. - Villa de Vallecas. - Vicálvaro. - San Blas - Canillejas - Barajas.

b) - Centro. - Arganzuela. - Retiro. - Salamanca. - Chamartín. - Tetuán. - Chamberí. - Fuencarral-El Pardo. - Moncloa-Aravaca. - Latina. - Carabanchel. - Usera. – Parla- Puente de Vallecas. - Moratalaz. - Ciudad Lineal. - Hortaleza. - Villa de Vallecas. - Vicálvaro. - San Blas - Canillejas - Barajas.

c) - Centro. - Arganzuela. - Retiro. - Salamanca. - Chamartín. - Tetuán. - Chamberí. - Fuencarral-El Pardo. - Moncloa-Pozuelo. - Latina. - Carabanchel. - Usera. - Puente de Vallecas. - Moratalaz. - Ciudad Lineal. - Hortaleza. - Villaverde. - Villa de Vallecas. - Vicálvaro. - San Blas - Canillejas - Barajas.

27. Los consejos de proximidad tienen como finalidad contribuir, facilitar, fomentar e incrementar la participación ciudadana en los distritos, y en particular:

a) Impulsar la implicación activa de la ciudadanía en los asuntos del Ayuntamiento.

b) Constituir espacios para la participación ciudadana, la propuesta y valoración de las actuaciones municipales en el correspondiente distrito.

c) Fomentar el diálogo abierto entre la ciudadanía y la Presidencia del distrito y permitir la rendición de cuentas por parte de la Junta Municipal del Distrito del Distrito, sin perjuicio de la rendición de cuentas que igualmente se efectúa por esta, ante la Junta Municipal.

28. La actividad del consejo de proximidad se regirá por los siguientes principios:

a) Autonomía y capacidad para organizar su funcionamiento mediante mesas y grupos de trabajo, a partir de lo regulado en el reglamento orgánico, cuyo contenido se considerará criterio común de actuación.

b) Eficiencia, permitiendo la participación del mayor número de personas posible dentro de su competencia.

c) Ambas son correctas.

29. Los acuerdos en el Consejo de Proximidad:

a) Deberán elevarse al Concejal-Presidente correspondiente para su deliberación y debate, y en su caso, aprobación.

b) Podrán elevarse a la Junta Municipal de Distrito correspondiente para su deliberación y debate, y en su caso, aprobación.

c) En todo caso, se elevarán al Alcalde del Ayuntamiento de Madrid.

30. Respecto a la composición y constitución de la Junta de Portavoces, señale la respuesta correcta:

a) La Junta de Portavoces, órgano deliberante y consultivo de la Junta Municipal del Distrito, está presidida por el concejal-presidente.

b) La integran los portavoces de los grupos municipales que tienen representación en la Junta Municipal del Distrito o en la Junta de Gobierno de la ciudad de Madrid.

c) La Junta de Portavoces quedará constituida por Decreto del concejal presidente, tan pronto como se hubiera formalizado la designación de sus integrantes.

Solución al test n .º 6

1. b) Le corresponde la creación de los distritos así como determinar el porcentaje mínimo de los recursos presupuestarios de la Corporación que deberán gestionarse por los distritos en su conjunto.

2. c) No serán en ningún caso inferiores al 11 por 100 del presupuesto del Ayuntamiento.

3. a) 21.

4. a) Un órgano de información, participación y deliberación ciudadana, con capacidad para la adopción de acuerdos de iniciativas y propuestas, acerca de aquellos aspectos de interés del distrito, sin perjuicio de que las referencias que se hagan a este órgano en el reglamento orgánico lo sean únicamente al órgano de participación ciudadana.

5. a) Sí, correcto, hasta por 2 concejales.

6. b) Al Coordinador del Distrito.

7. a) Son nombrados, entre vecinos, por el alcalde a propuesta de los grupos políticos.

8. b) Una vez al mes.

9. b) Al Concejal-Presidente.

10. c) La Junta de Portavoces.

11. c) Si el concejal-presidente no convocase la sesión extraordinaria para su celebración en el plazo señalado, quedará automáticamente convocada la sesión plenaria de la Junta Municipal del Distrito para el décimo día hábil siguiente al de la finalización de dicho plazo, a la misma hora de celebración de las sesiones ordinarias, lo que será notificado por la Secretaría del Distrito a todos los miembros de la misma al día siguiente de la finalización del plazo citado anteriormente.

12. b) Más de quince días hábiles.

13. a) La dirección, planificación y coordinación de los servicios administrativos del distrito cuya jefatura inmediata ostenta, sin perjuicio de las competencias atribuidas a los órganos de gobierno del distrito.

14. c) Resoluciones.

15. c) Por quien designe el concejal-presidente del Distrito.

16. a) La Secretaría del Distrito.

17. a) Al Concejal-Presidente.

18. c) El coordinador del Distrito.

19. c) Deben ser funcionarios de carrera del Subgrupo A1.

20. a) La Secretaría del Distrito.

21. b) Decreto.

22. a) A la Secretaría del Distrito.

23. a) La Secretaría del Distrito.

24. c) Le corresponde la coordinación de las relaciones de la Junta Municipal de distrito con el Área de Gobierno competente en materia de coordinación territorial y el resto de Áreas de Gobierno, organismos públicos y empresas municipales.

25. c) La coordinación de las relaciones de la Junta Municipal de distrito con el Área de Gobierno competente en materia de coordinación territorial y el resto de Áreas de Gobierno, organismos públicos y empresas municipales.

26. a) - Centro. - Arganzuela. - Retiro. - Salamanca. - Chamartín. - Tetuán. - Chamberí. - Fuencarral-El Pardo. - Moncloa-Aravaca. - Latina. - Carabanchel. - Usera. - Puente de Vallecas. - Moratalaz. - Ciudad Lineal. - Hortaleza. - Villaverde. - Villa de Vallecas. - Vicálvaro. - San Blas - Canillejas - Barajas.

27. b) Constituir espacios para la participación ciudadana, la propuesta y valoración de las actuaciones municipales en el correspondiente distrito.

28. a) Autonomía y capacidad para organizar su funcionamiento mediante mesas y grupos de trabajo, a partir de lo regulado en el reglamento orgánico, cuyo contenido se considerará criterio común de actuación.

29. b) Podrán elevarse a la Junta Municipal de Distrito correspondiente para su deliberación y debate, y en su caso, aprobación.

30. a) La Junta de Portavoces, órgano deliberante y consultivo de la Junta Municipal del Distrito, está presidida por el concejal-presidente.

TEST N.º 7

El personal al servicio de la Administración Pública conforme al Real Decreto Legislativo 5/2015, de 30 de octubre, por el que se aprueba el texto refundido de la Ley del Estatuto Básico del Empleado Público: clases de personal. Adquisición y pérdida de la relación de servicio. Situaciones administrativas. Derechos de los empleados públicos. Derecho a la carrera profesional y a la promoción interna. La evaluación del desempeño. Derechos retributivos. Derechos a la jornada de trabajo, permisos y vacaciones. Régimen disciplinario

1. El vigente texto refundido de la Ley del Estatuto Básico del Empleado Público fue aprobado por:

a) Real Decreto Legislativo 5/2015, de 30 de octubre.
b) Real Decreto Legislativo 2/2015, de 23 de octubre.
c) Real Decreto Legislativo 3/2015, de 23 de octubre.

2. El empleo en el sector público se caracteriza por estar configurado por un modelo:

a) Unitario de personal funcionario.
b) Unitario de personal estatutario.
c) Dual de regímenes jurídicos, personal funcionario y personal laboral.

3. El EBEP contiene:

a) Aquello que es común al conjunto de los empleados públicos de todas las Administraciones Públicas.
b) Las normas legales específicas aplicables a los empleados públicos de todas las Administraciones Públicas.
c) Aquello que es común al conjunto de los funcionarios de todas las Administraciones Públicas, más las normas legales específicas aplicables al personal laboral a su servicio.

4. Para todo el personal de las Administraciones Públicas no incluido en su ámbito de aplicación, el EBEP tendrá carácter:

a) Consultivo.
b) Voluntario.
c) Supletorio.

5. El Texto Refundido del Estatuto Básico del Empleado Público se aplicará directamente, sin necesidad de que lo disponga su legislación específica, al siguiente personal:

a) Personal funcionario de las Cortes Generales.
b) Personal del Centro Nacional de Inteligencia.
c) Personal de las Universidades Públicas.

6. Según el artículo 1.3. del Texto Refundido de la Ley del Estatuto Básico del Empleado Público, uno de los fundamentos de actuación reflejados por el EBEP es el servicio a los ciudadanos y:

a) A los intereses generales.
b) Al ordenamiento jurídico.
c) Al bienestar general.

7. El Texto Refundido de la Ley del Estatuto Básico del Empleado Público establece cuatro tipos de empleados públicos, entre los que no figura:

a) Funcionarios interinos.
b) Personal laboral.
c) Personal militar.

8. Corresponden en exclusiva a los funcionarios públicos, en los términos que en la ley de desarrollo de cada Administración Pública se establezca, el ejercicio de las funciones que impliquen la participación directa o indirecta:

a) En el archivo y documentación de información administrativa.
b) En tareas administrativas.
c) En el ejercicio de las potestades públicas.

9. Según el artículo 9.1 del EBEP, es una característica del funcionario de carrera el desempeño de servicios profesionales retribuidos de carácter:

a) Permanente.
b) Público.
c) Administrativo.

10. Podrá nombrarse personal funcionario interino para la ejecución de programas de carácter temporal, que no podrán tener una duración:

a) Inferior a 3 años.

b) Superior a 2 años, ampliable hasta doce meses más por las leyes de Función Pública que se dicten en desarrollo del TR-LEBEP.

c) Superior a 3 años, ampliable hasta doce meses más por las leyes de Función Pública que se dicten en desarrollo del TR-LEBEP.

11. Podrá nombrarse personal funcionario interino por exceso o acumulación de tareas:

a) Por plazo máximo de nueve meses, dentro de un periodo de dieciocho meses.

b) Por un plazo mínimo de 3 meses y máximo de 1 año.

c) Por un plazo máximo de 3 años, ampliable hasta doce meses más por las leyes de Función Pública que se dicten en desarrollo del TR-LEBEP.

12. Son funcionarios interinos los que son nombrados como tales para el desempeño de funciones propias de funcionarios de carrera por razones expresamente justificadas de necesidad y/e:

a) Urgencia.

b) Interés.

c) Conveniencia.

13. El número de puestos cubiertos por personal eventual:

a) Es indefinido e ilimitado.

b) Está limitado por un máximo establecido por los respectivos órganos de gobierno.

c) Está limitado a tres por cada órgano superior de la Administración Pública.

14. Es personal eventual el que, en virtud de nombramiento y con carácter no permanente, solo realiza funciones expresamente calificadas como de confianza o:

a) Representación política.

b) Asesoramiento especial.

c) Gran responsabilidad.

15. En relación con el personal eventual, es cierto que:

a) Será retribuido con cargo a los créditos presupuestarios consignados para el personal funcionario.

b) La condición de personal eventual constituirá mérito en la fase de concurso para el acceso a la Función Pública.

c) Su cese tendrá lugar, en todo caso, cuando se produzca el de la autoridad a la que se preste la función de confianza o asesoramiento.

16. En relación al personal directivo, el EBEP establece que:

a) Su designación atenderá a principios de mérito y capacidad.
b) Su designación atenderá a criterios de eficacia y eficiencia.
c) La determinación de sus condiciones de empleo serán objeto de negociación colectiva.

17. La designación del personal directivo de las Administraciones Públicas se llevará a cabo mediante procedimientos que garanticen:

a) La publicidad y concurrencia.
b) La idoneidad.
c) El mérito y la capacidad.

18. Los órganos de selección serán colegiados y su composición deberá ajustarse a los principios de:

a) Imparcialidad y profesionalidad de sus miembros.
b) Representatividad y homogeneidad.
c) Publicidad y transparencia.

19. ¿Cuál es la edad mínima para poder participar en los procesos selectivos de acceso al empleo público?

a) 14 años.
b) 16 años.
c) 17 años.

20. El funcionario que haya perdido su condición por cambio de nacionalidad, si recupera la nacionalidad:

a) Volverá automáticamente al puesto de trabajo que ocupaba.
b) No podrá volver a ejercer como funcionario.
c) Podrá solicitar la rehabilitación.

21. Será aceptada expresamente por la Administración la renuncia voluntaria a la condición de funcionario en el siguiente caso:

a) Cuando el funcionario esté sujeto a expediente disciplinario.
b) Cuando contra el funcionario haya sido dictado auto de procesamiento por la comisión de algún delito.
c) Cuando el funcionario se encuentre en la situación de excedencia forzosa.

22. A tenor del artículo 14 del EBEP los empleados públicos tienen derecho:

a) A la inamovilidad en la condición de funcionario de carrera.
b) A la formación continua y a la actualización permanente de sus conocimientos y capacidades profesionales, preferentemente fuera del horario laboral.
c) A la libertad de expresión, sin restricción alguna.

23. Para tener derecho a la promoción interna, los funcionarios deberán tener una antigüedad de servicio activo en el inferior subgrupo o grupo de clasificación profesional, de al menos:

a) Dos años.
b) Tres años.
c) Cuatro años.

24. Según el EBEP, la continuidad en un puesto de trabajo obtenido por concurso quedará vinculada a:

a) La evaluación del desempeño.
b) La idoneidad.
c) La antigüedad.

25. La cuantía y estructura de las retribuciones complementarias de los funcionarios se establecerán por:

a) Ley estatal.
b) Las correspondientes leyes de cada Administración Pública.
c) Real Decreto del Consejo de Ministros.

26. ¿Podrá percibirse participación en tributos o en cualquier otro ingreso de las Administraciones Públicas como contraprestación de cualquier servicio, participación o premio en multas impuestas?

a) No, en ningún caso.
b) Sí, en cualquier caso.
c) No, excepto cuando estuviesen normativamente atribuidas a los servicios.

27. Los empleados públicos tienen derecho a la libertad de expresión:

a) En los términos que establezca una ley.
b) En los términos que se establezcan reglamentariamente.
c) Dentro de los límites del ordenamiento jurídico.

28. Las Administraciones Públicas podrán destinar cantidades hasta el por-centaje de la masa salarial que se fije en las correspondientes Leyes de Presu-puestos Generales del Estado a financiar aportaciones a planes de pensiones de empleo o contratos de seguro colectivos; estas cantidades tendrán a todos los efectos la consideración de:

a) Retribución complementaria.
b) Indemnización.
c) Retribución diferida.

29. Las retribuciones de los funcionarios en prácticas:

a) Se corresponderán a las del sueldo del Subgrupo o Grupo, en el supuesto de que este no tenga Subgrupo, en que aspiren a ingresar.

b) No podrán superar las del sueldo del Subgrupo o Grupo, en el supuesto de que este no tenga Subgrupo, en que aspiren a ingresar.

c) Como mínimo, se corresponderán a las del sueldo del Subgrupo o Grupo, en el supuesto de que este no tenga Subgrupo, en que aspiren a ingresar.

30. En el permiso de 16 semanas del progenitor diferente de la madre biológica por nacimiento, guarda con fines de adopción, acogimiento o adopción de un hijo o hija, serán en todo caso de descanso obligatorio:

a) Las seis semanas inmediatas posteriores al hecho causante.

b) Las tres semanas inmediatas posteriores al hecho causante.

c) Los quince días inmediatos posteriores al hecho causante.

31. Cuando adquieran la condición de funcionarios al servicio de organizaciones internacionales, los funcionarios de carrera serán declarados en situación de:

a) Excedencia.

b) Servicios especiales.

c) Servicio en otras Administraciones Públicas.

32. La funcionaria en excedencia por violencia de género tendrá derecho a percibir las retribuciones íntegras y, en su caso, las prestaciones familiares por hijo a cargo:

a) Durante los dos primeros meses de esta excedencia.

b) Durante los seis primeros meses.

c) Durante todo el tiempo que permanezca en esta situación.

33. Quienes prestan servicios en su condición de funcionarios públicos cualquiera que sea la Administración u organismo público o entidad en el que se encuentren destinados y no les corresponda quedar en otra situación, es que se hallan en situación de:

a) Excedencia forzosa.

b) Servicio activo.

c) Excedencia voluntaria.

34. Según el EBEP, los funcionarios de carrera podrán obtener la excedencia voluntaria por interés particular cuando hayan prestado servicios efectivos en cualquiera de las Administraciones Públicas durante un periodo mínimo de:

a) Tres años, en los últimos cinco años.

b) Tres años inmediatamente anteriores.

c) Cinco años inmediatamente anteriores.

35. Salvo en caso de paralización del procedimiento imputable al interesado, la suspensión provisional como medida cautelar en la tramitación de un expediente disciplinario no podrá exceder de:

a) 3 meses.
b) 6 meses.
c) 1 año.

36. Se considera falta muy grave de los empleados públicos:

a) El incumplimiento del deber de respeto a la Constitución y a los respectivos Estatutos de Autonomía de las Comunidades Autónomas en el ejercicio de la función pública.
b) El abuso de autoridad en el desempeño de sus funciones.
c) La tolerancia por los superiores jerárquicos de la comisión de faltas muy graves del personal bajo su dependencia.

37. Las faltas disciplinarias muy graves prescriben:

a) Al año.
b) A los 3 años.
c) A los 5 años.

38. Según el artículo 97 del EBEP, las sanciones impuestas por faltas leves prescribirán:

a) A los 6 meses.
b) Al año.
c) A los 2 años.

39. Según el artículo 98 del EBEP, el procedimiento disciplinario que se establezca en el desarrollo del Estatuto se estructurará atendiendo a los principios de eficacia, celeridad y:

a) Transparencia.
b) Presunción de inocencia.
c) Economía procesal.

40. La violación de la imparcialidad, utilizando las facultades atribuidas para influir en procesos electorales de cualquier naturaleza y ámbito, se considera una falta:

a) Muy grave.
b) Grave.
c) Leve.

Solución al test n.º 7

1. a) Real Decreto Legislativo 5/2015, de 30 de octubre.

2. c) Dual de regímenes jurídicos, personal funcionario y personal laboral.

3. c) Aquello que es común al conjunto de los funcionarios de todas las Administraciones Públicas, más las normas legales específicas aplicables al personal laboral a su servicio.

4. c) Supletorio.

5. c) Personal de las Universidades Públicas.

6. a) A los intereses generales.

7. c) Personal militar.

8. c) En el ejercicio de las potestades públicas.

9. a) Permanente.

10. c) Superior a 3 años, ampliable hasta doce meses más por las leyes de Función Pública que se dicten en desarrollo del TR-LEBEP.

11. a) Por plazo máximo de nueve meses, dentro de un periodo de dieciocho meses.

12. a) Urgencia.

13. b) Está limitado por un máximo establecido por los respectivos órganos de gobierno.

14. b) Asesoramiento especial.

15. c) Su cese tendrá lugar, en todo caso, cuando se produzca el de la autoridad a la que se preste la función de confianza o asesoramiento.

16. a) Su designación atenderá a principios de mérito y capacidad.

17. a) La publicidad y concurrencia.

18. a) Imparcialidad y profesionalidad de sus miembros.

19. b) 16 años.

20. c) Podrá solicitar la rehabilitación.

21. c) Cuando el funcionario se encuentre en la situación de excedencia forzosa.

22. a) A la inamovilidad en la condición de funcionario de carrera.

23. a) Dos años.

24. a) La evaluación del desempeño.

25. b) Las correspondientes leyes de cada Administración Pública.

26. a) No, en ningún caso.

27. c) Dentro de los límites del ordenamiento jurídico.

28. c) Retribución diferida.

29. c) Como mínimo, se corresponderán a las del sueldo del Subgrupo o Gru-po, en el supuesto de que este no tenga Subgrupo, en que aspiren a ingresar.

30. a) Las seis semanas inmediatas posteriores al hecho causante.

31. b) Servicios especiales.

32. a) Durante los dos primeros meses de esta excedencia.

33. b) Servicio activo.

34. c) Cinco años inmediatamente anteriores.

35. b) 6 meses.

36. a) El incumplimiento del deber de respeto a la Constitución y a los respectivos Esta-tutos de Autonomía de las Comunidades Autónomas en el ejercicio de la función pública.

37. b) A los 3 años.

38. b) Al año.

39. c) Economía procesal.

40. a) Muy grave.

TEST N.º 8

Ley 19/2013, de 9 de diciembre, de Transparencia, acceso a la Información Pública y Buen Gobierno: objeto y ámbito subjetivo de aplicación. El Consejo de Transparencia y Buen Gobierno: funciones. Ordenanza de Transparencia de la Ciudad de Madrid, de 27 de julio de 2016: objeto, ámbito de aplicación y principios generales

1. La cualidad que permite y facilita el acceso de los ciudadanos a la información pública en poder de la Administración dentro de los límites establecidos por la legislación vigente, se conoce como:

a) Accesibilidad.
b) Transparencia.
c) Objetividad.

2. A tenor del artículo 2.1 de la Ley 19/2013, es cierto que las disposiciones del Título I son de aplicación a:

a) Las entidades gestoras y los servicios comunes de la Seguridad Social, pero no a las mutuas de accidentes de trabajo y enfermedades profesionales colaboradoras de la Seguridad Social.
b) Las corporaciones de Derecho Público, en relación a todas sus actividades.
c) Los organismos autónomos, las Agencias Estatales, las entidades públicas empresariales y las entidades de Derecho Público que, con independencia funcional o con una especial autonomía reconocida por la Ley, tengan atribuidas funciones de regulación o supervisión de carácter externo sobre un determinado sector o actividad.

3. Señala la opción incorrecta. La aplicación de los límites al derecho de acceso a la información pública:

a) Deberá ser justificada.
b) Será proporcionada a su objeto y finalidad de protección.
c) Se deberá, necesariamente, a la concurrencia de un interés público.

4. A menos que el afectado hubiese hecho manifiestamente públicos los datos con anterioridad a que se solicitase el acceso, el acceso únicamente se podrá autorizar en caso de que se contase con el consentimiento expreso y por escrito del afectado, cuando:

a) La información contuviera datos personales que revelen la ideología, afiliación sindical, religión o creencias.

b) La información incluyese datos personales que hagan referencia al origen racial, a la salud o a la vida sexual.

c) La información contuviera datos relativos a la comisión de infracciones penales o administrativas que no conllevasen la amonestación pública al infractor.

5. Si la información pública solicitada incluyese datos personales que hagan referencia a la salud:

a) Solo se concederá el acceso previa ponderación suficientemente razonada del interés público en la divulgación de la información y los derechos de los afectados cuyos datos aparezcan en la información solicitada.

b) Solo podrá autorizarse el acceso al propio afectado o a su representante.

c) Solo se podrá autorizar el acceso en caso de que se cuente con el consentimiento expreso del afectado o si el acceso estuviera amparado por una norma con rango de ley.

6. Según lo previsto en el artículo 18 de la Ley 19/2013, de 9 de diciembre, de transparencia, acceso a la información pública y buen gobierno, se inadmitirán a trámite, mediante resolución motivada, las solicitudes de acceso a la información:

a) Relativas a los intereses económicos y turísticos.

b) Relativas a la garantía de la confidencialidad o el secreto requerido en procesos de toma de decisión.

c) Relativas a información para cuya divulgación sea necesaria una acción previa de reelaboración.

7. Señala la opción incorrecta. El derecho de acceso a la información pública podrá ser limitado cuando acceder a la información suponga un perjuicio para:

a) Los intereses económicos y comerciales.

b) El honor de los funcionarios o cargos directivos.

c) La protección del medio ambiente.

8. Señala la opción incorrecta. La solicitud de acceso a la información pública podrá presentarse por cualquier medio que permita tener constancia de:

a) La identidad del solicitante.

b) La información que se solicita.

c) La motivación de la solicitud.

9. No es una causa de inadmisión de las solicitudes de acceso a la información pública:

a) Que se refieran a información que esté en curso de elaboración o de publicación general.

b) Que se dirijan a un órgano en cuyo poder no obre la información.

c) Que sean manifiestamente repetitivas.

10. Cuando la solicitud de información pública no identifique de forma suficiente la información, se pedirá al solicitante que la concrete en un plazo de:

a) 10 días.

b) 15 días.

c) 20 días.

11. En relación a la solicitud de acceso a la información pública, es cierto que:

a) Los solicitantes de información podrán dirigirse a las Administraciones Públicas en cualquiera de las lenguas cooficiales del Estado en el territorio en el que radique la Administración en cuestión.

b) El solicitante está obligado a motivar su solicitud de acceso a la información.

c) La ausencia de motivación será por si sola causa de rechazo de la solicitud.

12. Conforme al artículo 18.1 de la Ley 19/2013, las solicitudes referidas a información que tenga carácter auxiliar o de apoyo como la contenida en notas, borradores, opiniones, resúmenes, comunicaciones e informes internos o entre órganos o entidades administrativas:

a) Están obligadas a indicar el motivo de la solicitud.

b) Se admitirán previa ponderación suficientemente razonada del interés público en la divulgación de la información.

c) Se inadmitirán a trámite, mediante resolución motivada.

13. Según el artículo 19.3 de la Ley 19/2013, si la información solicitada pudiera afectar a derechos o intereses de terceros, debidamente identificados, se les concederá un plazo, para que puedan realizar las alegaciones que estimen oportunas, de:

a) Siete días.

b) Diez días.

c) Quince días.

14. La resolución en la que se conceda o deniegue el acceso a información pública deberá notificarse al solicitante y a los terceros afectados que así lo hayan solicitado en el plazo máximo, desde la recepción de la solicitud por el órgano competente para resolver, de:

a) 10 días.

b) 15 días.

c) 1 mes.

15. El acceso a la información pública se realizará preferentemente por vía electrónica, salvo cuando no sea posible o el solicitante haya señalado expresamente otro medio. Cuando no pueda darse el acceso en el momento de la notificación de la resolución deberá otorgarse, en cualquier caso, en un plazo no superior a:

a) 5 días.
b) 7 días.
c) 10 días.

16. La motivación de una solicitud de acceso a la información, según la Ley 19/2013:

a) Es requisito ineludible para que se facilite la información.
b) Será causa de rechazo de la solicitud.
c) Se deja a la decisión del solicitante.

17. El acceso a la información pública requiere:

a) Solicitud previa.
b) Acreditación de la condición de interesado.
c) Motivación expresa.

18. Cuando la información pública solicitada no contuviera datos especialmente protegidos, el órgano al que se dirija la solicitud concederá el acceso previa .... suficientemente razonada del interés público en la divulgación de la información y los derechos de los afectados cuyos datos aparezcan en la información solicitada, en particular su derecho fundamental a la protección de datos de carácter personal. Señala la palabra que falta:

a) Catalogación.
b) Acreditación.
c) Ponderación.

19. Transcurrido el plazo máximo para resolver una solicitud de acceso a información pública sin que se haya dictado y notificado resolución expresa se entenderá:

a) Que la solicitud ha sido desestimada.
b) Que la solicitud se inadmitía a trámite.
c) Que el plazo para resolver queda prorrogado.

20. En relación a la formalización del acceso a información pública, es cierto que:

a) El acceso a la información ha de realizarse por vía electrónica.
b) Si ha existido oposición de tercero, el acceso sólo tendrá lugar cuando, habiéndose concedido dicho acceso, haya transcurrido el plazo para interponer recurso contencioso administrativo sin que se haya formalizado o haya sido resuelto confirmando el derecho a recibir la información.

c) Si la información ya ha sido publicada, la resolución se ha de limitar a indicar al solicitante cómo puede acceder a ella.

21. El incumplimiento reiterado de la obligación de resolver en plazo procedimientos de acceso a la información pública:

a) Tendrá la consideración de infracción grave.
b) Tendrá la consideración de infracción muy grave.
c) Tendrá la consideración de infracción leve.

22. Frente a toda resolución expresa o presunta en materia de acceso podrá interponerse una reclamación ante el Consejo de Transparencia y Buen Gobierno, previo a su impugnación en vía contencioso-administrativa, con carácter:

a) Preceptivo.
b) Potestativo.
c) Colectivo.

23. ¿Qué tipo de organismo público, en virtud de la Ley 40/2015, de 1 de octubre, de Régimen Jurídico del Sector Público, es el Consejo de Transparencia y Buen Gobierno?

a) Autoridad administrativa independiente de ámbito estatal.
b) Sociedad mercantil estatal.
c) Entidad pública empresarial de ámbito estatal.

24. Según el artículo 38 de la Ley 19/2013, en materia de transparencia, acceso a la información pública y buen gobierno, el Consejo de Transparencia y Buen Gobierno tiene encomendada la función de:

a) Informar.
b) Asesorar.
c) Promover.

25. Según la Ordenanza de Transparencia de la Ciudad de Madrid, la información pública se publicará con un lenguaje claro y sencillo para facilitar su comprensión por las personas, en virtud del principio de:

a) Simplicidad.
b) Transparencia.
c) Facilidad de acceso.

Solución al test n.º 8

1. b) Transparencia.

2. c) Los organismos autónomos, las Agencias Estatales, las entidades públicas empresariales y las entidades de Derecho Público que, con independencia funcional o con una especial autonomía reconocida por la Ley, tengan atribuidas funciones de regulación o supervisión de carácter externo sobre un determinado sector o actividad.

3. c) Se deberá, necesariamente, a la concurrencia de un interés público.

4. a) La información contuviera datos personales que revelen la ideología, afiliación sindical, religión o creencias.

5. c) Solo se podrá autorizar el acceso en caso de que se cuente con el consentimiento expreso del afectado o si el acceso estuviera amparado por una norma con rango de ley.

6. c) Relativas a información para cuya divulgación sea necesaria una acción previa de reelaboración.

7. b) El honor de los funcionarios o cargos directivos.

8. c) La motivación de la solicitud.

9. b) Que se dirijan a un órgano en cuyo poder no obre la información.

10. a) 10 días.

11. a) Los solicitantes de información podrán dirigirse a las Administraciones Públicas en cualquiera de las lenguas cooficiales del Estado en el territorio en el que radique la Administración en cuestión.

12. c) Se inadmitirán a trámite, mediante resolución motivada.

13. c) Quince días.

14. c) 1 mes.

15. c) 10 días.

16. c) Se deja a la decisión del solicitante.

17. a) Solicitud previa.

18. c) Ponderación.

19. a) Que la solicitud ha sido desestimada.

20. b) Si ha existido oposición de tercero, el acceso sólo tendrá lugar cuando, habiéndose concedido dicho acceso, haya transcurrido el plazo para interponer recurso contencioso administrativo sin que se haya formalizado o haya sido resuelto confirmando el derecho a recibir la información.

21. a) Tendrá la consideración de infracción grave.

22. b) Potestativo.

23. a) Autoridad administrativa independiente de ámbito estatal.

24. b) Asesorar.

25. a) Simplicidad.

TEST N.º 9

Ley 39/2015, de 1 de octubre, de Procedimiento Administrativo Común de las Administraciones Públicas: el procedimiento administrativo: concepto, naturaleza y principios generales. Fases del procedimiento. Los recursos administrativos: concepto y clases

1. Salvo en el caso de que en la norma correspondiente se fije plazo distinto, los trámites que deban ser cumplimentados por los interesados deberán realizarse:

a) En el plazo de un mes a partir del siguiente al de la notificación del correspondiente acto.

b) En el plazo de veinte días a partir del siguiente al de la notificación del correspondiente acto.

c) En el plazo de diez días a partir del siguiente al de la notificación del correspondiente acto.

2. Señala la respuesta correcta respecto a la emisión de informes:

a) Salvo disposición expresa en contrario, los informes serán facultativos y vinculantes.

b) Los informes serán emitidos a través de medios electrónicos en el plazo de quince días, salvo que una disposición o el cumplimiento del resto de los plazos del procedimiento permita o exija otro plazo mayor o menor.

c) El informe emitido fuera de plazo podrá no ser tenido en cuenta al adoptar la correspondiente resolución.

3. ¿De qué plazo disponen los interesados durante el trámite de audiencia para alegar y presentar los documentos y justificaciones que estimen pertinentes?

a) No inferior a quince ni superior a un mes.

b) No inferior a diez días ni superior a quince.

c) Quince días.

4. A tenor del art. 84 de la Ley 39/2015, de 1 de octubre, del Procedimiento Administrativo Común de las Administraciones Públicas, pondrán fin al procedimiento la resolución:

a) El desistimiento.

b) La renuncia al derecho en que se funde la solicitud.

c) Todas las respuestas son correctas.

5. ¿Cuál es la forma especial de terminación del procedimiento administrativo?

a) La resolución.
b) La declaración de caducidad.
c) La terminación convencional.

6. El acuerdo de realización de actuaciones complementarias se notificará a los interesados, concediéndoseles un plazo para formular las alegaciones que tengan por pertinentes tras la finalización de las mismas, de:

a) Siete días.
b) Diez días.
c) Quince días.

7. En los procedimientos iniciados a solicitud del interesado, cuando se produzca su paralización por causa imputable al mismo, la Administración le advertirá de que se producirá la caducidad del procedimiento, transcurrido:

a) Quince días.
b) Veinte días.
c) Tres meses.

8. Señala la respuesta incorrecta respecto a la caducidad:

a) La caducidad no producirá por sí sola la prescripción de las acciones del particular o de la Administración, pero los procedimientos caducados interrumpirán el plazo de prescripción.
b) No podrá acordarse la caducidad por la simple inactividad del interesado en la cumplimentación de trámites, siempre que no sean indispensables para dictar resolución.
c) Podrá no ser aplicable la caducidad en el supuesto de que la cuestión suscitada afecte al interés general, o fuera conveniente sustanciarla para su definición y esclarecimiento.

9. El plazo máximo en el que debe notificarse la resolución expresa será el fijado por la norma reguladora del correspondiente procedimiento. Este plazo, salvo que una norma con rango de ley establezca uno mayor o así venga previsto en el Derecho de la Unión Europea, no podrá exceder de:

a) Veinte días.
b) Un mes.
c) Seis meses.

10. ¿Qué recurso cabe contra el acuerdo de acumulación?

a) Ninguno.
b) Recurso de alzada.
c) Recurso de reposición.

11. Señala la respuesta incorrecta respecto a la información pública:

a) La incomparecencia en este trámite podrá impedir a los interesados interponer los recursos procedentes contra la resolución definitiva del procedimiento.

b) El órgano al que corresponda la resolución del procedimiento, cuando la naturaleza de este lo requiera, podrá acordar un período de información pública.

c) La comparecencia en el trámite de información pública no otorga, por sí misma, la condición de interesado.

12. Indica cuál de las siguientes no es una de las formas anormales de terminación del procedimiento administrativo:

a) La declaración de caducidad.
b) El desistimiento.
c) La resolución.

13. Las actuaciones complementarias deberán practicarse en un plazo no superior a:

a) Diez días.
b) Quince días.
c) Veinte días.

14. Cuando la sanción tenga únicamente carácter pecuniario, el órgano competente para resolver el procedimiento aplicará reducciones sobre el importe de la sanción propuesta de, al menos:

a) El 10 %.
b) El 15 %.
c) El 20 %.

15. A tenor del art. 94 del Texto Refundido de la Ley sobre Tráfico, Circulación de Vehículos a Motor y Seguridad Vial, una vez realizado el pago voluntario de la multa, ya sea en el acto de entrega de la denuncia o dentro del plazo de veinte días naturales contados desde el día siguiente al de su notificación, concluirá el procedimiento sancionador con una reducción del importe de la sanción:

a) Del 50 %.
b) Del 40 %.
c) Del 30 %.

16. ¿En qué supuesto excepcional se podrá imponer una sanción sin que se haya tramitado el oportuno procedimiento?

a) En casos de urgencia.
b) En aquellos supuestos donde no dé lugar a dudas la imposición de la sanción.
c) En ningún caso.

17. ¿Qué Título de la Ley 39/2015, de 1 de octubre, del Procedimiento Administrativo Común de las Administraciones Públicas, regula la revisión de los actos en vía administrativa?

a) El Título III.
b) El Título IV.
c) El Título V.

18. ¿Cómo se denominan los procedimientos que tienden a la realización material de una decisión anterior ya definitiva, como, por ejemplo, el procedimiento de apremio?

a) Procedimientos ejecutivos.
b) Procedimientos declarativos.
c) Procedimientos de simple gestión.

19. ¿Cuándo podrán los administrados conocer el estado de la tramitación de los procedimientos en los que tengan la condición de interesados?

a) Solo en la fase de instrucción.
b) Únicamente en la fase de alegaciones.
c) En cualquier momento.

20. Señala cuál de los siguientes no es un trámite del procedimiento simplificado:

a) Alegaciones formuladas al inicio del procedimiento durante el plazo de cinco días.
b) Trámite de audiencia, únicamente cuando la resolución vaya a ser favorable para el interesado.
c) Informe del Consejo General del Poder Judicial, cuando este sea preceptivo.

21. ¿Cuándo se iniciarán de oficio los procedimientos?

a) Por denuncia.
b) Por acuerdo del órgano competente.
c) Todas las respuestas son correctas.

22. Señala la respuesta incorrecta respecto al inicio del procedimiento por denuncia:

a) Las denuncias deberán expresar la identidad de la persona o personas que las presentan y el relato de los hechos que se ponen en conocimiento de la Administración.
b) La presentación de una denuncia confiere, por sí sola, la condición de interesado en el procedimiento.
c) Cuando la denuncia invocara un perjuicio en el patrimonio de las Administraciones Públicas la no iniciación del procedimiento deberá ser motivada y se notificará a los denunciantes la decisión de si se ha iniciado o no el procedimiento.

23. ¿En qué casos se podrá imponer una sanción sin que se haya tramitado el oportuno procedimiento?

a) En casos de urgente necesidad.
b) En situaciones excepcionales, como por ejemplo, situaciones de crisis sanitarias o epidemias.
c) En ningún caso.

24. ¿Cuál de los siguientes datos no es necesario que figure en las solicitudes de iniciación del procedimiento por parte de los interesados?

a) Número de teléfono.
b) Hechos, razones y petición en que se concrete, con toda claridad, la solicitud.
c) Órgano, centro o unidad administrativa a la que se dirige y su correspondiente código de identificación.

25. Los interesados solo podrán solicitar el inicio de un procedimiento de responsabilidad patrimonial, cuando no haya prescrito su derecho a reclamar. El derecho a reclamar prescribirá:

a) Al año de producido el hecho o el acto que motive la indemnización o se manifieste su efecto lesivo.
b) A los dos años de producido el hecho o el acto que motive la indemnización o se manifieste su efecto lesivo.
c) A los cinco años de producido el hecho o el acto que motive la indemnización o se manifieste su efecto lesivo.

26. ¿De acuerdo con qué principio se acordarán en un solo acto todos los trámites que, por su naturaleza, admitan un impulso simultáneo y no sea obligado su cumplimiento sucesivo?

a) Con el principio de oficialidad.
b) Con el principio de eficacia.
c) Con el principio de simplificación administrativa.

27. Salvo en el caso de que en la norma correspondiente se fije plazo distinto, los trámites que deban ser cumplimentados por los interesados deberán realizarse en el plazo de:

a) Siete días a partir del siguiente al de la notificación del correspondiente acto.
b) Diez días a partir del siguiente al de la notificación del correspondiente acto.
c) Quince días a partir del siguiente al de la notificación del correspondiente acto.

28. En cualquier momento del procedimiento, cuando la Administración conside-re que alguno de los actos de los interesados no reúne los requisitos necesarios, lo pondrá en conocimiento de su autor, concediéndole un plazo para cumplimentarlo:

a) De cinco días.
b) De siete días.
c) De diez días.

29. Cuando la Administración no tenga por ciertos los hechos alegados por los interesados o la naturaleza del procedimiento lo exija, el instructor del mismo acor-dará la apertura de un período de prueba, a fin de que puedan practicarse cuantas juzgue pertinentes, por un plazo:

a) No superior a treinta días ni inferior a diez.
b) No superior a treinta días ni inferior a quince.
c) No superior a veinte días ni inferior a diez.

30. Salvo disposición expresa en contrario, los informes serán:

a) Vinculantes.
b) Vinculantes y facultativos.
c) Facultativos y no vinculantes.

31. En el caso de los procedimientos de responsabilidad patrimonial será pre-ceptivo solicitar informe al servicio cuyo funcionamiento haya ocasionado la pre-sunta lesión indemnizable, no pudiendo exceder el plazo de su emisión de:

a) Diez días.
b) Quince días.
c) Veinte días.

32. ¿Cómo se denomina el conjunto ordenado de documentos y actuaciones que sirven de antecedente y fundamento a la resolución administrativa, así como las diligencias encaminadas a ejecutarla?

a) Dosier administrativo.
b) Acto administrativo.
c) Expediente administrativo.

33. Con arreglo al artículo 74 LPACAP, las cuestiones incidentales que se susciten en el procedimiento, incluso las que se refieran a la nulidad de actuaciones:

a) Suspenderán la tramitación del procedimiento.
b) No suspenderán la tramitación del procedimiento, salvo la recusación.
c) No suspenderán la tramitación del procedimiento en ningún caso.

34. ¿Cuándo podrán los interesados aducir alegaciones y aportar documentos u otros elementos de juicio?

a) En cualquier momento.
b) En cualquier momento del procedimiento posterior al trámite de audiencia.
c) En cualquier momento del procedimiento anterior al trámite de audiencia.

35. Señala la respuesta incorrecta respecto a los medios y período de prueba:

a) El instructor del procedimiento solo podrá rechazar las pruebas propuestas por los interesados cuando sean manifiestamente improcedentes o innecesarias, sin necesidad de resolución motivada.
b) En los procedimientos de carácter sancionador, los hechos declarados probados por resoluciones judiciales penales firmes vincularán a las Administraciones Públicas respecto de los procedimientos sancionadores que substancien.
c) Cuando la prueba consista en la emisión de un informe de un órgano administrativo, organismo público o Entidad de derecho público, se entenderá que este tiene carácter preceptivo.

36. Cuando lo considere necesario, el instructor, a petición de los interesados, podrá decidir la apertura de un período extraordinario de prueba por un plazo:

a) No superior a diez días.
b) No superior a quince días.
c) No superior a veinte días.

37. Salvo que una disposición o el cumplimiento del resto de los plazos del procedimiento permita o exija otro plazo mayor o menor, los informes serán emitidos en el plazo de:

a) Diez días.
b) Quince días.
c) Veinte días.

38. ¿De qué plazo disponen los interesados para alegar y presentar los documentos y justificaciones que estimen pertinentes?

a) De un plazo no inferior a cinco días ni superior a diez.
b) De un plazo no inferior a diez días ni superior a quince.
c) De un plazo no inferior a diez días ni superior a veinte.

39. ¿Cuál es la forma normal de terminación del procedimiento?

a) La terminación convencional.
b) El silencio administrativo.
c) La resolución.

40. La terminación convencional es una forma de terminación del procedimiento:

a) Normal.
b) Anormal.
c) Especial.

41. Señala cuál de las siguientes es una forma de terminación anormal del procedimiento:

a) La renuncia al derecho en que se funde la solicitud.
b) La declaración de caducidad.
c) Todas las respuestas son correctas.

42. ¿En qué plazo deberán practicarse las actuaciones complementarias?

a) En un plazo no superior a siete días.
b) En un plazo no superior a diez días.
c) En un plazo no superior a quince días.

43. ¿Transcurrido qué plazo desde que se inició el procedimiento sin que haya recaído y se notifique resolución expresa o, en su caso, se haya formalizado el acuerdo, podrá entenderse que la resolución es contraria a la indemnización del particular?

a) Transcurrido un mes.
b) Transcurridos tres meses.
c) Transcurridos seis meses.

44. Señala la respuesta incorrecta respecto al desistimiento y renuncia por los interesados:

a) Si el escrito de iniciación se hubiera formulado por dos o más interesados, el desistimiento o la renuncia afectará a todos los que la hubiesen formulado.
b) Todo interesado podrá desistir de su solicitud o, cuando ello no esté prohibido por el ordenamiento jurídico, renunciar a sus derechos.
c) Si la cuestión suscitada por la incoación del procedimiento entrañase interés general o fuera conveniente sustanciarla para su definición y esclarecimiento, la Administración podrá limitar los efectos del desistimiento o la renuncia al interesado y seguirá el procedimiento.

45. En los procedimientos iniciados a solicitud del interesado, cuando se produzca su paralización por causa imputable al mismo, la Administración le advertirá que se producirá la caducidad del procedimiento, transcurrido:

a) Un mes.
b) Tres meses.
c) Seis meses.

46. El registro electrónico permite la presentación de documentos:

a) De lunes a viernes de 8 a 15 horas.
b) De lunes a viernes de 8 a 21 horas.
c) Todos los días del año durante las veinticuatro horas.

47. ¿En qué caso podrá ser objeto de ampliación un plazo ya vencido?

a) En los procedimientos tramitados por las misiones diplomáticas y oficinas consulares.
b) En aquellos que, sustanciándose en el interior, exijan cumplimentar algún trámite en el extranjero o en los que intervengan interesados residentes fuera de España.
c) En ningún caso.

48. Cuando razones de interés público lo aconsejen, se podrá acordar, de oficio o a petición del interesado, la aplicación al procedimiento de la tramitación de urgencia, por la cual se reducirán a la mitad los plazos establecidos para el procedimiento ordinario, salvo:

a) Los relativos a la presentación de solicitudes.
b) Los relativos a la presentación de recursos.
c) Las respuestas a) y b) son correctas.

49. El recurso de alzada contra actos que no agotan la vía administrativa es:

a) Extraordinario.
b) La regla general.
c) Especial.

50. El recurso de reposición contra actos que no agotan la vía administrativa es:

a) Ordinario.
b) Extraordinario.
c) Inexistente.

51. El recurso de alzada se presentará:

a) Ante el superior jerárquico del órgano que dictó el acto.
b) Ante el Tribunal contencioso competente.
c) Indistintamente, ante el órgano que dictó el acto o el superior jerárquico que deba decidirlo.

52. La resolución presunta del recurso de alzada se dará, si no recae resolución, al/a los:

a) Quince días de interponerlo.
b) Mes de su interposición.
c) Tres meses de su interposición.

53. El silencio administrativo en el recurso de alzada puede ser positivo en el siguiente caso:

a) Cuando el recurso se presentó contra un acto presunto desestimatorio de la solicitud del ciudadano.
b) Cuando perjudique al ciudadano.
c) Siempre que beneficie al interés público.

54. El recurso extraordinario de revisión se interpone contra:

a) Cualquier acto administrativo.
b) Actos que no agotan la vía administrativa.
c) Los actos firmes exclusivamente.

55. La terminación presunta del recurso extraordinario de revisión se dará:

a) A los tres meses de su interposición.
b) Al mes de su interposición.
c) No cabe.

Solución al test n.º 9

1. c) En el plazo de diez días a partir del siguiente al de la notificación del correspondiente acto.

2. c) El informe emitido fuera de plazo podrá no ser tenido en cuenta al adoptar la correspondiente resolución.

3. b) No inferior a diez días ni superior a quince.

4. c) Todas las respuestas son correctas.

5. c) La terminación convencional.

6. a) Siete días.

7. c) Tres meses.

8. a) La caducidad no producirá por sí sola la prescripción de las acciones del particular o de la Administración, pero los procedimientos caducados interrumpirán el plazo de prescripción.

9. c) Seis meses.

10. a) Ninguno.

11. a) La incomparecencia en este trámite podrá impedir a los interesados interponer los recursos procedentes contra la resolución definitiva del procedimiento.

12. c) La resolución.

13. b) Quince días.

14. c) El 20 %.

15. a) Del 50 %.

16. c) En ningún caso.

17. c) El Título V.

18. a) Procedimientos ejecutivos.

19. c) En cualquier momento.

20. b) Trámite de audiencia, únicamente cuando la resolución vaya a ser favorable para el interesado.

21. c) Todas las respuestas son correctas.

22. b) La presentación de una denuncia confiere, por sí sola, la condición de interesado en el procedimiento.

23. c) En ningún caso.

24. a) Número de teléfono.

25. a) Al año de producido el hecho o el acto que motive la indemnización o se manifieste su efecto lesivo.

26. c) Con el principio de simplificación administrativa.

27. b) Diez días a partir del siguiente al de la notificación del correspondiente acto.

28. c) De diez días.

29. a) No superior a treinta días ni inferior a diez.

30. c) Facultativos y no vinculantes.

31. a) Diez días.

32. c) Expediente administrativo.

33. b) No suspenderán la tramitación del procedimiento, salvo la recusación.

34. c) En cualquier momento del procedimiento anterior al trámite de audiencia.

35. a) El instructor del procedimiento solo podrá rechazar las pruebas propuestas por los interesados cuando sean manifiestamente improcedentes o innecesarias, sin necesidad de resolución motivada.

36. a) No superior a diez días.

37. a) Diez días.

38. b) De un plazo no inferior a diez días ni superior a quince.

39. c) La resolución.

40. c) Especial.

41. c) Todas las respuestas son correctas.

42. c) En un plazo no superior a quince días.

43. c) Transcurridos seis meses.

44. a) Si el escrito de iniciación se hubiera formulado por dos o más interesados, el desistimiento o la renuncia afectará a todos los que la hubiesen formulado.

45. b) Tres meses.

46. c) Todos los días del año durante las veinticuatro horas.

47. c) En ningún caso.

48. c) Las respuestas a) y b) son correctas.

49. b) La regla general.

50. c) Inexistente.

51. c) Indistintamente, ante el órgano que dictó el acto o el superior jerárquico que deba decidirlo.

52. c) Tres meses de su interposición.

53. a) Cuando el recurso se presentó contra un acto presunto desestimatorio de la solicitud del ciudadano.

54. c) Los actos firmes exclusivamente.

55. a) A los tres meses de su interposición.

TEST N.º 10

Ley 40/2015, de 1 de octubre, de Régimen Jurídico del Sector Público: Disposiciones generales. De los órganos de las Administraciones Públicas: abstención y recusación. De la responsabilidad patrimonial de las Administraciones Públicas

1. Según la LRJSP, la creación, transformación o extinción de cualquier entidad integrante del sector público institucional deberá inscribirse en el:

a) Registro de entidades del Sector Público.
b) Registro Mercantil.
c) Inventario de Entidades del Sector Público Estatal, Autonómico y Local.

2. La LRJSP consta de 158 artículos, distribuidos en:

a) 8 Títulos.
b) 4 Títulos.
c) 22 Títulos.

3. Es objeto de la Ley 40/2015, de 1 de octubre, de Régimen Jurídico del Sector Público:

a) Establecer las especialidades del procedimiento referidas a los órganos competentes, plazos propios del concreto procedimiento por razón de la materia, formas de iniciación y terminación, publicación e informes a recabar.
b) Asegurar, en beneficio de los interesados y del interés general, el exacto sometimiento de la Administración al derecho en todas las actuaciones que realiza en su condición de poder público y en uso de las prerrogativas que como tal le corresponde.
c) Establecer y regular las bases del régimen jurídico de las Administraciones Públicas, los principios del sistema de responsabilidad de las Administraciones Públicas y de la potestad sancionadora, así como la organización y funcionamiento de la Administración General del Estado y de su sector público institucional para el desarrollo de sus actividades.

4. Una entidad de derecho privado que ejerce potestades administrativas se deberá considerar, a los efectos de la Ley 40/2015:

a) Sector Público Institucional, en todo caso.
b) Administración Pública.
c) Empresa privada dependiente de la Administración Pública.

5. Las Administraciones Públicas sirven con objetividad:

a) Los servicios públicos.
b) Al Estado.
c) Los intereses generales.

6. Indica cuál de los siguientes principios no informa la actuación de las Administraciones Públicas conforme al art. 3 de la LRJSP:

a) Coordinación.
b) Eficacia.
c) Concentración.

7. Los dos principios generales del derecho que informan la actuación administrativa, y que se encuentran íntimamente vinculados con el de seguridad jurídica, son:

a) Los de economía y eficiencia.
b) Los de buena fe y confianza legítima.
c) Los de responsabilidad y racionalización.

8. Las medidas que establezcan las Administraciones Públicas limitando el ejercicio de derechos individuales o colectivos o exigiendo el cumplimiento de requisitos para el desarrollo de una actividad deberán atemperarse al principio de:

a) Tipicidad.
b) Legalidad.
c) Proporcionalidad.

9. Se considerarán órganos administrativos a:

a) Las unidades administrativas a las que se les atribuyan funciones que tengan efectos jurídicos frente a terceros, o cuya actuación tenga carácter preceptivo.
b) Los entes que ejerzan potestades administrativas con competencia sobre todo el territorio nacional.
c) Las entidades de Derecho Público cuya existencia está prevista en una norma con rango de Ley.

10. Son órganos periféricos de las Administraciones Públicas:

a) Los que se rigen principalmente por el derecho privado y solo ejercen competencias públicas en algunas materias.

b) Aquellos cuyas competencias se circunscriben a una parte del territorio.

c) Aquellos que se encuentran ubicados fuera de la sede central del órgano al que pertenecen.

11. Las normas de carácter interno emanadas de los Órganos administrativos, que no han de afectar a los administrados, que no requieren un especial procedimiento de elaboración y cuyo cumplimiento se subordina al conocimiento de las mismas por sus destinatarios, comportando su incumplimiento la exigencia de responsabilidad disciplinaria, se denominan:

a) Instrucciones y Circulares.

b) Instrucciones y Órdenes de Servicio.

c) Órdenes y Reglamentos.

12. La diferencia entre Instrucciones y Órdenes de Servicio reside en:

a) La materia de la que tratan.

b) Si se dirigen a la generalidad o una colectividad concreta.

c) El órgano administrativo del que emanan.

13. Los Órganos consultivos son aquellos que:

a) Dependen jerárquicamente de la administración activa.

b) Están dotados de autonomía orgánica y funcional con respecto a la Administración activa.

c) No forman parte del Sector Público por independencia.

14. Si alguna disposición atribuye la competencia a una Administración, sin especificar el órgano que debe ejercerla, se entenderá que la facultad de instruir y resolver los expedientes corresponde:

a) Al Órgano superior jerárquico de la misma competente por razón de la materia y del territorio.

b) Al Órgano en quien delegue el superior jerárquico de dicho Organismo.

c) A los órganos inferiores de la misma, competentes por razón de la materia y del territorio.

15. La delegación de la competencia para la adopción de disposiciones de carácter general:

a) Está proscrita por el ordenamiento jurídico.

b) Deberá ser aprobada previamente por el órgano ministerial de quien dependa el órgano delegante.

c) Podrá efectuarse en favor de otros órganos de la misma Administración, aun cuando no sean jerárquicamente dependientes.

16. Podrán ser objeto de delegación, las competencias:

a) Sobre asuntos que se refieran a relaciones con la Jefatura del Estado, la Presidencia del Gobierno de la Nación, las Cortes Generales, las Presidencias de los Consejos de Gobierno de las Comunidades Autónomas y las Asambleas Legislativas de las Comunidades Autónomas.
b) Para la adopción de disposiciones de carácter general.
c) Que se ejerzan por delegación, aunque hayan sido autorizadas por Ley

17. El acto que supone el traslado de la titularidad de competencias, pero no de la competencia misma, por parte de una Administración a otra o a Entes pertenecientes a la misma dotados de personalidad jurídica, se denomina:

a) Desconcentración.
b) Delegación.
c) Descentralización.

18. El traspaso de competencias, pero no de la competencia misma, por un órgano de una Administración en favor de otro órgano de la misma Administración, que no está dotado de personalidad jurídica, se llama:

a) Avocación.
b) Descentralización.
c) Desconcentración.

19. El acto por el que un órgano superior se atribuye para sí el conocimiento de uno o varios asuntos cuya resolución corresponda ordinariamente o por delegación a sus órganos administrativos dependientes, se denomina:

a) Delegación.
b) Descentralización.
c) Avocación.

20. La realización de actividades por otros órganos o Entidades de Derecho Público de la misma o de distinta Administración, de carácter material o técnico, de la competencia de un órgano administrativo o Entidad de Derecho Público, que no supone cesión de la titularidad de la competencia ni de los elementos sustantivos de su ejercicio, se llama:

a) Suplencia.
b) Encomienda de gestión.
c) Desconcentración.

21. La delegación de firma en los procedimientos de carácter sancionador:

a) Se atempera a las mismas normas que en cualquier otro asunto.
b) Está proscrita por la LRJAPyPAC.
c) Exige previsión legal.

22. Los conflictos de atribuciones:

a) Se suscitan entre órganos de distinta administración.

b) Sólo se conocen a instancia de parte interesada.

c) Sólo se dan entre órganos de una misma Administración no relacionados jerárquicamente, y respecto a asuntos sobre los que no haya finalizado el procedimiento administrativo.

23. El régimen normativo regulador de los órganos colegiados de las Administraciones Públicas, previsto en el artículo 15 LRJSP, es aplicable a:

a) Los órganos colegiados del Gobierno de la Nación.

b) Los órganos colegiados de gobierno de las Comunidades Autónomas Los válidamente dirigidos a una Administración Pública.

c) Los órganos colegiados de carácter consultivo.

24. Las certificaciones comprensivas de las actuaciones de los órganos colegiados de las Administraciones Públicas serán firmadas por el:

a) Presidente.

b) Secretario.

c) Fedatario público.

25. No podrán abstenerse en las votaciones del Órgano colegiado de la Administraciones Pública del que formen parte:

a) El secretario.

b) El Presidente.

c) Quienes tengan la condición de miembros natos, en virtud del cargo que desempeñan.

26. La válida constitución de un órgano colegiado de la Administración Pública, a efectos de la celebración de sesiones, deliberaciones y toma de acuerdos, requerirá la asistencia, presencial o a distancia, de:

a) La mitad de sus miembros, al menos.

b) Todos sus miembros.

c) La mitad de sus miembros, siempre que entre estos se encuentren el Presidente y el Secretario.

27. Las sesiones que celebren los órganos colegiados de la Administración Pública quedarán documentadas mediante:

a) Acta.

b) Convenio.

c) Instrucción.

28. A una comisión o grupo de trabajo, creada por Acuerdo ministerial, se le podrán atribuir competencias:

a) Decisorias.

b) De seguimiento o control de las actuaciones de otros órganos de la Administración General del Estado.

c) De instrucción de procedimientos sancionadores.

29. La representación de los órganos colegiados de la Administración General del Estado la ostenta:

a) El Secretario.

b) El Presidente.

c) El representante legal designado.

30. Son órganos colegiados de la Administración General del Estado aquellos que se creen formalmente y estén integrados por:

a) Al menos, cuatro miembros.

b) Tres o más personas.

c) Dos o más miembros.

31. Se denominan Órganos colegiados interministeriales de la Administración General del Estado y de sus Organismos públicos, aquellos:

a) En los que sus miembros proceden de diferentes ministerios.

b) En cuya composición hay miembros de organizaciones representativas de intereses sociales, así como otros miembros que se designen por las especiales condiciones de experiencia o conocimientos que concurran en ellos, en atención a la naturaleza de las funciones asignadas a tales órganos.

c) En los que sus componentes proceden de los órganos de un solo Ministerio.

32. El documento del órgano colegiado de las Administración General del Estado que especifica necesariamente los asistentes, el orden del día de la reunión, las circunstancias del lugar y tiempo en que se ha celebrado, los puntos principales de las deliberaciones, así como el contenido de los acuerdos adoptados, se llama:

a) Acta.

b) Certificación.

c) Convocatoria.

33. La creación de órganos colegiados de la Administración General del Estado y de sus Organismos públicos requerirá de:

a) Convenio.

b) Concierto.

c) Norma específica.

34. La actuación de autoridades y personal al servicio de las Administraciones Públicas en los que concurran motivos de recusación, implicará:

a) La invalidez, en todo caso, de los actos administrativos en los que hayan intervenido.

b) La suspensión de la tramitación del procedimiento de que se trate hasta tanto se resuelve la causa de recusación.

c) La exigencia de la responsabilidad que proceda.

35. El órgano encargado de resolver en caso de que una autoridad o personal al servicio de las Administraciones Públicas entienda que sobre él pesan motivos de abstención en la tramitación o gestión de un asunto, será:

a) El titular de la Administración de la que dependa.

b) El órgano encargado de la inspección en la Administración de la que dependa.

c) Su superior jerárquico.

36. Los particulares tendrán derecho a ser indemnizados por las Administraciones Públicas correspondientes, de toda lesión que sufran en cualquiera de sus bienes y derechos:

a) Cuando la lesión deba a fuerza mayor.

b) Cuando la lesión sea consecuencia del funcionamiento normal o anormal de los servicios públicos, si aquellos no tenían el deber jurídico de soportar el daño.

c) En todo caso, a raíz de la anulación en vía administrativa o por el orden jurisdiccional contencioso administrativo de los actos o disposiciones administrativas.

37. ¿Cuál de los siguientes requisitos del daño no es necesario que concurra para apreciar la responsabilidad patrimonial de las Administraciones Públicas?

a) Evaluable económicamente.

b) Efectivo.

c) Ilegítimo.

38. Para que proceda la indemnización en favor del particular, cuando la lesión es consecuencia de la aplicación de una norma con rango de ley declarada inconstitucional, es necesario:

a) Que se trate de actos de naturaleza expropiatoria.

b) Que el particular se haya negado a cumplir la actuación impuesta por la norma declarada inconstitucional.

c) Que el particular haya obtenido, en cualquier instancia, sentencia firme desestimatoria de un recurso contra la actuación administrativa que ocasionó el daño, siempre que se hubiera alegado la inconstitucionalidad posteriormente declarada.

39. En los supuestos de concurrencia de varias Administraciones, en los que no sea posible determinar la intervención de cada una de ellas en la producción del daño, la responsabilidad se fijará:

a) Mancomunadamente.
b) Subsidiariamente.
c) Solidariamente.

40. ¿Todo daño infligido a un particular por una actuación imputable a las Administraciones Públicas genera derecho al resarcimiento?

a) Sí, en todo caso.
b) Sí, salvo que tenga su origen en el funcionamiento normal de los servicios públicos.
c) No, si el particular tiene el deber jurídico legal de soportar el daño.

41. Para que proceda la indemnización en favor del particular, cuando la lesión es consecuencia de la aplicación de una norma con rango de ley declarada inconstitucional, es necesario:

a) Que se trate de actos de naturaleza expropiatoria.
b) Que el particular se haya negado a cumplir la actuación impuesta por la norma declarada inconstitucional.
c) Que el particular haya obtenido, en cualquier instancia, sentencia firme desestimatoria de un recurso contra la actuación administrativa que ocasionó el daño, siempre que se hubiera alegado la inconstitucionalidad posteriormente declarada.

42. En los casos de responsabilidad patrimonial derivados o como consecuencia de la declaración de inconstitucionalidad de una norma con rango de ley o del carácter de norma contraria al Derecho de la Unión Europea, se podrán reclamar los daños:

a) Causados en un plazo de los cinco años inmediatamente anteriores a la vigencia de la norma anulada.
b) Que se deriven de hechos o circunstancias que no se hubiesen podido prever o evitar según el estado de los conocimientos de la ciencia o de la técnica existentes en el momento de producción de aquellos.
c) Ocasionados en los cinco años anteriores a la publicación de la sentencia que así lo haya declarado.

43. La responsabilidad patrimonial del Estado por el funcionamiento de la Administración de Justicia:

a) No se encuentra regulado expresamente.
b) Se exigirá conforme a lo previsto en la Ley 40/2015, de 1 de octubre.
c) Se exigirá conforme a los preceptos de la Ley Orgánica del Poder Judicial.

44. Los daños y perjuicios causados a terceros durante la ejecución de contratos administrativos, serán exigibles:

a) A la Administración Pública contratante, en todo caso.
b) A la Administración Pública, cuando sean consecuencia de una orden inmediata y directa o de los vicios del proyecto elaborado por ella misma.
c) Al contratista, en todo caso.

45. La cuantía de la indemnización que corresponda a un particular por los daños y perjuicios causados por la actuación de las Administraciones Públicas habrá de calcularse con referencia al día en el que:

a) Se curen las lesiones sufridas o se determinen el alcance de las secuelas.
b) La lesión efectivamente se produjo.
c) Se proceda al pago.

46. El índice aplicable para la actualización de las indemnizaciones calculadas con referencia al día en que la lesión efectivamente se produjo en los procedimientos de responsabilidad patrimonial dela Administración, es el:

a) Índice de Garantía de la Competitividad (IGC).
b) Índice de Precios de Consumo (IPC).
c) Índice de Actualización (IA).

47. Para que la indemnización procedente de la responsabilidad patrimonial de las Administraciones Públicas pueda ser sustituida por una compensación en especie o abonada mediante pagos periódicos, se precisará que:

a) Así lo decida la Administración responsable.
b) Convenga al interés del perjudicado.
c) Exista acuerdo con el interesado.

48. La concurrencia de alguna causa en la producción de la lesión que sea imputable al propio perjudicado o a terceros:

a) Dará lugar a una compensación de culpas.
b) No afectará al derecho a indemnización.
c) Eximirá de culpa a la Administración.

49. El derecho a reclamar prescribirá al año de:

a) Que se manifieste el efecto lesivo.
b) La firmeza de la resolución que declare el derecho.
c) La determinación del alcance de las secuelas.

50. Si el hecho que produjo el daño se ocasionó por fuerza mayor:

a) No genera responsabilidad.
b) Es igualmente indemnizable por funcionamiento normal del servicio público.
c) Dará lugar a una compensación de culpas.

51. La llamada "acción de regreso" es aquella:

a) Mediante la que la Administración exige a los particulares la devolución de las indemnizaciones que les han sido reconocidas, cuando entiendan que su satisfacción contraviene al interés público.
b) En virtud de la cual la Administración puede exigir a las autoridades y personal a su servicio que le resarzan de lo que se ha visto obligada a indemnizar.
c) Que impide condenar a la Administración por las lesiones causadas por las autoridades y personal a su servicio.

52. En los procedimientos para la exigencia de la llamada "acción de regreso", se dará a los interesados un plazo para formular alegaciones de:

a) Diez días.
b) Un mes.
c) Quince días.

53. La resolución declaratoria de responsabilidad en los procedimientos para la exigencia de la llamada "acción de regreso", es susceptible de:

a) Recurso de Alzada.
b) Recurso extraordinario por infracción procesal.
c) Recurso Contencioso-administrativo.

54. Si un particular pretende accionar contra la aseguradora que cubre la responsabilidad patrimonial de una Administración ante los Juzgados y/o Tribunales, deberá dirigirse a la jurisdicción:

a) Contencioso-administrativa.
b) Civil.
c) Penal.

55. La exigencia de responsabilidad penal del personal al servicio de las Administraciones Públicas respecto de los procedimientos de reconocimiento de responsabilidad patrimonial que se instruyan:

a) Determinará su archivo.
b) No los suspenderá.
c) Los suspenderá.

Solución al test n.º 10

1. c) Inventario de Entidades del Sector Público Estatal, Autonómico y Local.

2. b) 4 Títulos.

3. c) Establecer y regular las bases del régimen jurídico de las Administraciones Públicas, los principios del sistema de responsabilidad de las Administraciones Públicas y de la potestad sancionadora, así como la organización y funcionamiento de la Administración General del Estado y de su sector público institucional para el desarrollo de sus actividades.

4. a) Sector Público Institucional, en todo caso.

5. c) Los intereses generales.

6. c) Concentración.

7. b) Los de buena fe y confianza legítima.

8. c) Proporcionalidad.

9. a) Las unidades administrativas a las que se les atribuyan funciones que tengan efectos jurídicos frente a terceros, o cuya actuación tenga carácter preceptivo.

10. b) Aquellos cuyas competencias se circunscriben a una parte del territorio.

11. b) Instrucciones y Órdenes de Servicio.

12. b) Si se dirigen a la generalidad o una colectividad concreta.

13. b) Están dotados de autonomía orgánica y funcional con respecto a la Administración activa.

14. c) A los órganos inferiores de la misma, competentes por razón de la materia y del territorio.

15. a) Está proscrita por el ordenamiento jurídico.

16. c) Que se ejerzan por delegación, aunque hayan sido autorizadas por Ley

17. c) Descentralización.

18. c) Desconcentración.

19. c) Avocación.

20. b) Encomienda de gestión.

21. b) Está proscrita por la LRJAPyPAC.

22. c) Sólo se dan entre órganos de una misma Administración no relacionados jerárquicamente, y respecto a asuntos sobre los que no haya finalizado el procedimiento administrativo.

23. c) Los órganos colegiados de carácter consultivo.

24. b) Secretario.

25. c) Quienes tengan la condición de miembros natos, en virtud del cargo que desempeñan.

26. c) La mitad de sus miembros, siempre que entre estos se encuentren el Presidente y el Secretario.

27. a) Acta.

28. c) De instrucción de procedimientos sancionadores.

29. b) El Presidente.

30. b) Tres o más personas.

31. a) En los que sus miembros proceden de diferentes ministerios.

32. a) Acta.

33. c) Norma específica.

34. b) La suspensión de la tramitación del procedimiento de que se trate hasta tanto se resuelve la causa de recusación.

35. c) Su superior jerárquico.

36. b) Cuando la lesión sea consecuencia del funcionamiento normal o anormal de los servicios públicos, si aquellos no tenían el deber jurídico de soportar el daño.

37. c) Ilegítimo.

38. c) Que el particular haya obtenido, en cualquier instancia, sentencia firme desestimatoria de un recurso contra la actuación administrativa que ocasionó el daño, siempre que se hubiera alegado la inconstitucionalidad posteriormente declarada.

39. c) Solidariamente.

40. c) No, si el particular tiene el deber jurídico legal de soportar el daño.

41. c) Que el particular haya obtenido, en cualquier instancia, sentencia firme desestimatoria de un recurso contra la actuación administrativa que ocasionó el daño, siempre que se hubiera alegado la inconstitucionalidad posteriormente declarada.

42. c) Ocasionados en los cinco años anteriores a la publicación de la sentencia que así lo haya declarado.

43. c) Se exigirá conforme a los preceptos de la Ley Orgánica del Poder Judicial.

44. b) A la Administración Pública, cuando sean consecuencia de una orden inmediata y directa o de los vicios del proyecto elaborado por ella misma.

45. b) La lesión efectivamente se produjo.

46. a) Índice de Garantía de la Competitividad (IGC).

47. c) Exista acuerdo con el interesado.

48. a) Dará lugar a una compensación de culpas.

49. c) La determinación del alcance de las secuelas.

50. a) No genera responsabilidad.

51. b) En virtud de la cual la Administración puede exigir a las autoridades y personal a su servicio que le resarzan de lo que se ha visto obligada a indemnizar.

52. c) Quince días.

53. c) Recurso Contencioso-administrativo.

54. a) Contencioso-administrativa.

55. b) No los suspenderá.

TEST N.º 11

Ley 9/2017, de 8 de noviembre, de Contratos del Sector Público, por la que se transponen al ordenamiento jurídico español las Directivas del Parlamento Europeo y del Consejo 2014/23/UE y 2014/24/UE, de 26 de febrero de 2014: principios comunes. Requisitos necesarios para la celebración de los contratos. Perfección, formalización y extinción de los contratos. Actuaciones administrativas. Formas de adjudicación de los contratos. Tipos de contratos: contratos administrativos y contratos privados

1. Uno de los objetos de la Ley 9/2017 de Contratos del Sector Público (LCSP), es asegurar una eficiente utilización de los fondos destinados a la realización de obras, la adquisición de bienes y la contratación de servicios mediante la exigencia de la definición previa de las necesidades a satisfacer, la salvaguarda de la libre competencia y la selección de la oferta económicamente más ventajosa, todo ello en conexión con el objetivo de estabilidad presupuestaria y control del gasto, y el principio de:

   a) Integridad.
   b) Transparencia.
   c) Efectividad.

2. Señala la opción incorrecta: La Ley 9/2017, tal como dispone su artículo 1, tiene por objeto regular la contratación del sector público, a fin de asegurar, en conexión con el objetivo de estabilidad presupuestaria y control del gasto, y el principio de integridad una eficiente utilización de los fondos destinados a la realización de obras, la adquisición de bienes y la contratación de servicios mediante:

   a) La exigencia de la definición previa de las necesidades a satisfacer.
   b) La transparencia de los procedimientos de adjudicación.
   c) La salvaguarda de la libre competencia.

3. Señala la opción incorrecta: La Ley 9/2017, tal como dispone su artículo 1, tiene por objeto regular la contratación del sector público, a fin de garantizar que la misma se ajusta a los principios de:

a) Libertad de acceso a las licitaciones.
b) Publicidad y transparencia de los procedimientos.
c) Responsabilidad por daños y perjuicios causados a terceros.

4. En toda contratación pública se incorporarán de manera transversal y preceptiva criterios sociales y medioambientales:

a) En todo caso.
b) Siempre que guarde relación con el objeto del contrato.
c) Siempre que se garantice la relación calidad-precio.

5. Señala la opción incorrecta. A efectos de la Ley 9/2017 de Contratos del Sector Público, se consideran poderes adjudicadores:

a) Las mutuas colaboradoras con la Seguridad Social.
b) Las fundaciones públicas.
c) Las entidades con personalidad jurídica propia que hayan sido creadas específicamente para satisfacer necesidades de interés general que tengan carácter industrial o mercantil.

6. Se entenderá que un contrato tiene carácter oneroso en los casos en que:

a) El contratista obtenga algún tipo de beneficio económico de forma directa.
b) El órgano contratante obtenga algún tipo de beneficio económico.
c) El contratista obtenga algún tipo de beneficio económico, ya sea de forma directa o indirecta.

7. Los consorcios y otras entidades de derecho público, se consideran Administraciones Públicas a efectos de la Ley 9/2017 de Contratos del Sector Público, si se dan las circunstancias establecidas para poder ser considerados poder adjudicador y estando vinculados a una o varias Administraciones Públicas o dependientes de las mismas, no se financien mayoritariamente:

a) Con subvenciones.
b) Con ingresos de mercado.
c) Con tasas e impuestos.

8. Los partidos políticos, así como las organizaciones sindicales y las organizaciones empresariales y asociaciones profesionales, además de las fundaciones y asociaciones vinculadas a cualquiera de ellos, cuando cumplan los requisitos para ser poder adjudicador y respecto de los contratos sujetos a regulación armonizada

deberán actuar conforme a los principios de publicidad, concurrencia, transparencia, igualdad y no discriminación sin perjuicio del respeto a la autonomía de la voluntad y, cuando sea procedente, de:

a) La confidencialidad.
b) El interés general.
c) La libertad de asociación.

9. Según el artículo 3 de la Ley de Contratos del Sector Público es un requisito para que una fundación se considere una fundación pública:

a) Que se constituya de forma inicial, con una aportación mayoritaria directa de una o varias entidades integradas en el sector público.
b) Que el patrimonio de la fundación esté integrado en más de un 50 por ciento por bienes o derechos aportados o cedidos por sujetos integrantes del sector público tengan carácter permanente o no.
c) Que la mayoría de derechos de voto en su patronato corresponda a representantes del sector público.

10. A efectos de la LCSP, los fondos sin personalidad jurídica se considerarán:

a) Administraciones Públicas.
b) Poderes adjudicadores.
c) Que forman parte del sector público.

11. Los contratos de concesiones de obras y concesiones de servicios, que se celebren en el ámbito de la seguridad y de la defensa, que sean adjudicados en el marco de un programa de cooperación basado en la investigación y el desarrollo de un nuevo producto y, en su caso, también relacionados con el ciclo de vida del mismo o partes de dicho ciclo:

a) Están incluidos en el ámbito de aplicación de la LCSP.
b) Están excluidos del ámbito de aplicación de la LCSP.
c) Se excluirán del ámbito de aplicación de la LCSP siempre que participen en el programa al menos dos Estados miembros de la Unión Europea.

12. Las encomiendas de gestión reguladas en la legislación vigente en materia de régimen jurídico del sector público:

a) Están incluidas en el ámbito de aplicación de la LCSP.
b) Están excluidas del ámbito de aplicación de la LCSP.
c) Están incluidas en el ámbito de aplicación de la LCSP, siempre que no se celebren en el ámbito de la seguridad y la defensa.

13. No se consideran contratos de suministros:

a) Aquellos en los que el empresario se obligue a entregar una pluralidad de bienes de forma sucesiva y por precio unitario sin que la cuantía total se defina con exactitud al tiempo de celebrar el contrato, por estar subordinadas las entregas a las necesidades del adquirente.

b) Los que tengan por objeto la adquisición y el arrendamiento de equipos y sistemas de telecomunicaciones o para el tratamiento de la información, sus dispositivos y programas, y la cesión del derecho de uso de estos últimos.

c) Los de adquisición de programas de ordenador desarrollados a medida.

14. Conforme al artículo 11.6 de la LCSP, queda excluida de esta Ley la prestación de servicios sociales por entidades privadas, siempre que esta se realice sin necesidad de celebrar contratos públicos, a través, entre otros medios, de la simple financiación de estos servicios o la concesión de licencias o autorizaciones a todas las entidades que cumplan las condiciones previamente fijadas por el poder adjudicador, sin límites ni cuotas, y que dicho sistema garantice una publicidad suficiente y se ajuste a los principios de:

a) Transparencia y no discriminación.
b) Publicidad y libre concurrencia.
c) Igualdad y confidencialidad.

15. Cuando no esté garantizado que, en condiciones normales de funcionamiento, el concesionario de una obra o servicio vaya a recuperar las inversiones realizadas ni a cubrir los costes en que hubiera incurrido como consecuencia de la explotación de las obras que sean objeto de la concesión, se entiende que el concesionario asume un riesgo:

a) De demanda.
b) Operacional.
c) Previsible.

16. Conforme al artículo 15 de la LCSP, el contrato de concesión de servicios es aquel en cuya virtud uno o varios poderes adjudicadores encomiendan a título .... a una o varias personas, naturales o jurídicas, la gestión de un servicio cuya prestación sea de su titularidad o competencia, y cuya contrapartida venga constituida bien por el derecho a explotar los servicios objeto del contrato o bien por dicho derecho acompañado del de percibir un precio. Señala la palabra que falta:

a) Oneroso.
b) Ganancial.
c) Gravoso.

17. En relación a los contratos de servicios, es cierto que:

a) Los servicios han de implicar ejercicio de la autoridad inherente a los poderes públicos.
b) Su objeto son prestaciones de hacer consistentes en el desarrollo de una actividad o dirigidas a la obtención de un resultado distinto de una obra o suministro.
c) Tienen por objeto la adquisición, el arrendamiento financiero, o el arrendamiento, con o sin opción de compra, de productos o bienes muebles.

18. En los casos en que un elemento del contrato mixto sea una obra, deberá elaborarse un proyecto y tramitarse cómo para los contratos de obras, siempre que esta supere la siguiente cantidad:

a) A partir de 50.000 euros.
b) A partir de 100.000 euros.
c) A partir de 300.000 euros.

19. Los contratos que tengan por objeto servicios de certificación y autenticación de documentos que deban ser prestados por un notario público, NO se considerarán sujetos a regulación armonizada:

a) Cuando su valor estimado sea igual o inferior a 143.000 euros.
b) Cuando su valor estimado sea igual o inferior a 221.000 euros.
c) Cualquiera que sea su valor estimado.

20. Los contratos celebrados por las Mutuas colaboradoras con la Seguridad Social:

a) Tendrán la consideración de contratos privados.
b) Tendrán la consideración de contratos administrativos.
c) No están bajo el ámbito de aplicación de la LCSP, puesto que las mutuas colaboradoras con la Seguridad Social no reúnen la condición de poder adjudicador.

21. El responsable del contrato, al que corresponderá supervisar su ejecución y adoptar las decisiones y dictar las instrucciones necesarias con el fin de asegurar la correcta realización de la prestación pactada, dentro del ámbito de facultades que aquellos le atribuyan:

a) Deberá ser una persona física vinculada a la entidad contratante.
b) Podrá ser una persona física o jurídica designada por el contratista.
c) Podrá ser una persona física o jurídica, vinculada a la entidad contratante o ajena a él.

22. Toda la información contenida en los perfiles de contratante se publicará en formatos abiertos y reutilizables, y permanecerá accesible al público durante un periodo de tiempo no inferior a:

a) Un año.
b) Tres años.
c) Cinco años.

23. Será objeto de publicación en el perfil de contratante, la formalización de los encargos a medios propios cuyo importe fuera superior a:

a) 10.000 euros, IVA excluido.
b) 50.000 euros, IVA excluido.
c) La formalización de los encargos a medios propios no precisa de publicación en el perfil de contratante, sea cual sea su importe.

24. ¿Cuál de los siguientes contratos que celebren los poderes adjudicadores se perfecciona con su formalización?

a) Contratos basados en un acuerdo marco.
b) Contratos adjudicados mediante un procedimiento abierto.
c) Contratos menores.

25. ¿Cuál de las siguientes es una causa de anulabilidad del contrato?

a) El incumplimiento de las circunstancias y requisitos exigidos para la modificación de los contratos.
b) La falta de publicación del anuncio de licitación en el perfil de contratante alojado en la Plataforma de Contratación del Sector Público.
c) Haber llevado a efecto la formalización del contrato, en los casos en que se hubiese interpuesto el recurso especial en materia de contratación sin respetar la suspensión automática del acto recurrido en los casos en que fuera procedente.

26. Conforme al artículo 99 de la Ley 9/2017, el objeto de los contratos del sector público deberá ser:

a) Determinado.
b) Fraccionado.
c) Motivado.

27. Los contratos del sector público tendrán siempre un precio:

a) Justo.
b) Cierto.
c) Mínimo.

28. ¿En cuál de los siguientes contratos NO es posible la exención de garantía definitiva?

a) En el caso de contratos de obras.
b) En el caso de contratos de concesión de servicios.
c) En el caso de contratos de suministros.

29. No se adjudicarán mediante subasta electrónica:

a) Los contratos tramitados por procedimientos abiertos.
b) Los contratos tramitados por procedimientos restringidos.
c) Los contratos cuyo objeto tenga relación con la calidad alimentaria.

30. El órgano de contratación señalará el número mínimo de empresarios a los que invitará a participar en un procedimiento restringido, que no podrá ser inferior a:

a) Tres.
b) Cinco.
c) Siete.

Solución al test n.º 11

1. a) Integridad.

2. b) La transparencia de los procedimientos de adjudicación.

3. c) Responsabilidad por daños y perjuicios causados a terceros.

4. b) Siempre que guarde relación con el objeto del contrato.

5. c) Las entidades con personalidad jurídica propia que hayan sido creadas específicamente para satisfacer necesidades de interés general que tengan carácter industrial o mercantil.

6. c) El contratista obtenga algún tipo de beneficio económico, ya sea de forma directa o indirecta.

7. b) Con ingresos de mercado.

8. a) La confidencialidad.

9. c) Que la mayoría de derechos de voto en su patronato corresponda a representantes del sector público.

10. c) Que forman parte del sector público.

11. c) Se excluirán del ámbito de aplicación de la LCSP siempre que participen en el programa al menos dos Estados miembros de la Unión Europea.

12. b) Están excluidas del ámbito de aplicación de la LCSP.

13. c) Los de adquisición de programas de ordenador desarrollados a medida.

14. a) Transparencia y no discriminación.

15. b) Operacional.

16. a) Oneroso.

17. b) Su objeto son prestaciones de hacer consistentes en el desarrollo de una actividad o dirigidas a la obtención de un resultado distinto de una obra o suministro.

18. a) A partir de 50.000 euros.

19. c) Cualquiera que sea su valor estimado.

20. a) Tendrán la consideración de contratos privados.

21. c) Podrá ser una persona física o jurídica, vinculada a la entidad contratante o ajena a él.

22. c) Cinco años.

23. b) 50.000 euros, IVA excluido.

24. b) Contratos adjudicados mediante un procedimiento abierto.

25. a) El incumplimiento de las circunstancias y requisitos exigidos para la modificación de los contratos.

26. a) Determinado.

27. b) Cierto.

28. a) En el caso de contratos de obras.

29. c) Los contratos cuyo objeto tenga relación con la calidad alimentaria.

30. b) Cinco.

TEST N.º 12

Real Decreto Legislativo 2/2004, de 5 de marzo, por el que se aprueba el texto refundido de la Ley Reguladora de las Haciendas Locales: ingresos de Derecho Público e ingresos de Derecho Privado. Especial referencia a las tasas. Contribuciones especiales y precios públicos. Impuestos municipales: concepto y clasificación

1. Señala, de entre los siguientes, cuáles son tributos propios de las entidades locales de acuerdo con el artículo 2.b) de la Ley de Haciendas Locales (LHL):

a) Las multas y sanciones en el ámbito de sus competencias, los impuestos, las contribuciones especiales y las tasas.

b) Los impuestos, las tasas, las contribuciones especiales, las multas y sanciones en el ámbito de sus competencias y los percibidos en concepto de precios públicos.

c) Las contribuciones especiales, las tasas y los impuestos y los recargos exigibles sobre los impuestos de las Comunidades Autónomas o de otras Entidades Locales.

2. Los vehículos denominados históricos, ¿a partir de que antigüedad mínima están exentos del IVTM, contados desde su fecha de fabricación o primera matriculación, o en su defecto, desde la fecha en que el correspondiente tipo o variante se dejó de fabricar?

a) 25 años.

b) 30 años.

c) 35 años.

3. ¿En cuál de los siguientes supuestos no se permite el prorrateo del importe de la cuota del Impuesto sobre Vehículos de Tracción Mecánica (IVTM)?

a) En los casos de baja definitiva del vehículo.

b) En los casos de transmisión del vehículo.

c) En los casos de baja temporal por sustracción o robo de vehículo, desde el momento en que se produzca dicha baja temporal en el registro público correspondiente.

4. En relación con el Impuesto sobre Vehículos de Tracción Mecánica y según el artículo 92 de la Ley de Haciendas Locales, es cierto que:

a) Es un tributo indirecto que grava la tenencia de cualquier vehículo.

b) Es un tributo directo que grava la titularidad de los vehículos de esta naturaleza, aptos para circular por las vías públicas, cualesquiera que sean su clase y categoría.

c) Es un tributo indirecto que grava la posesión de vehículos aptos para circular por las vías públicas.

5. Según el artículo 20 de la Ley de Haciendas Locales, los ayuntamientos no podrán exigir tasas por:

a) La prestación de servicios públicos de su competencia que afecten particularmente a los sujetos pasivos.

b) La realización de actividades administrativas de su competencia que afecten particularmente a los sujetos pasivos.

c) La asistencia a las sesiones plenarias de la corporación.

6. En relación con el Impuesto sobre Construcciones, Instalaciones y Obras y según el artículo 102 de la Ley de Haciendas Locales, el devengo se produce:

a) En el momento de iniciarse la construcción, instalación u obra, aun cuando no se haya obtenido la correspondiente licencia.

b) En el momento de finalizar la obra o construcción.

c) En el momento de solicitar la licencia municipal correspondiente.

7. Las Ordenanzas Fiscales podrán regular una bonificación sobre la cuota del Impuesto sobre Construcciones, Instalaciones y Obras a favor de las construcciones, instalaciones u obras necesarias para la instalación de puntos de recarga para vehículos eléctricos:

a) De hasta el 90 por ciento.

b) De hasta el 80 por ciento.

c) De hasta el 75 por ciento.

8. ¿A cuál de los siguientes supuestos se le aplica la exención automática en el IVTM?

a) A los vehículos para personas de movilidad reducida.

b) A los autobuses, microbuses y demás vehículos destinados o adscritos al servicio de transporte público urbano, siempre que tengan una capacidad que exceda de nueve plazas, incluida la del conductor.

c) A los vehículos matriculados a nombre de minusválidos para su uso exclusivo, siempre y cuando se mantengan dichas circunstancias, tanto a los vehículos conducidos por personas con discapacidad como a los destinados a su transporte.

9. ¿Qué tipo de ingresos son los tributos?

a) De derecho privado.
b) De derecho común.
c) De derecho público.

10. Según la Ley de Haciendas Locales, ¿se puede considerar el producto de las operaciones de crédito un recurso de la Hacienda de las Entidades Locales?

a) No, en ningún caso.
b) No, salvo para los municipios de gran población.
c) Sí, así está previsto en la LHL.

11. Según el artículo 92.3. de la Ley de Haciendas Locales ¿cuáles de los siguientes vehículos no están sujetos al IVTM?

a) Las ambulancias y demás vehículos directamente destinados a la asistencia sanitaria o al traslado de heridos o enfermos.
b) Los tractores, remolques, semirremolques y maquinaria provistos de cartilla de inspección agrícola.
c) Los remolques y semirremolques arrastrados por vehículos de tracción mecánica cuya carga útil no sea superior a 750 kg.

12. Constituye el hecho imponible de las tasas:

a) La obtención por el sujeto pasivo de un beneficio o de un aumento de valor de sus bienes como consecuencia de la realización de obras públicas o del establecimiento o ampliación de servicios públicos, de carácter local, por las entidades respectivas.
b) La utilización privativa o el aprovechamiento especial del dominio público local, así como por la prestación de servicios públicos o la realización de actividades administrativas de competencia local que se refieran, afecten o beneficien de modo particular a los sujetos pasivos.
c) La realización, dentro del término municipal, de cualquier construcción, instalación u obra para la que se exija obtención de la correspondiente licencia de obras o urbanística, se haya obtenido o no dicha licencia, o para la que se exija presentación de declaración responsable o comunicación previa, siempre que la expedición de la licencia o la actividad de control corresponda al ayuntamiento de la imposición.

13. El Impuesto sobre Bienes Inmuebles (IBI) se devenga:

a) El primer día del periodo impositivo.
b) Al final de este periodo impositivo.
c) Con motivo de la venta de los bienes a él sujetos.

14. La LHL establece en su artículo 12.1 que la gestión, liquidación, inspección y recaudación de los tributos locales se realizará:

a) De acuerdo con la legislación vigente sobre esta materia en la comunidad autónoma de que se trate.

b) De acuerdo con lo previsto en la LGT y en las demás leyes del Estado reguladoras de la materia, así como en las disposiciones dictadas para su desarrollo.

c) De acuerdo con lo previsto en las leyes vigentes que regulan la recaudación tributaria en las Administraciones Locales.

15. Para que un tributo tenga naturaleza de tasa es necesario que:

a) Se produzca un aprovechamiento especial del dominio público.

b) La prestación del servicio no sea de recepción voluntaria por el administrado, sino que venga impuesta por normas legales.

c) Cualquiera de las alternativas anteriores puede considerarse correcta.

16. La Ley de Haciendas Locales se aplica:

a) En todo el territorio nacional.

b) En todo el territorio nacional, salvo en el régimen financiero foral del territorio del País Vasco.

c) En todo el territorio nacional, salvo en el régimen financiero foral del territorio de Navarra.

17. La cuota líquida del IBI se obtiene:

a) Aplicando a la base liquidable las reducciones correspondientes.

b) Minorando la cuota líquida en el importe de las bonificaciones previstas legalmente.

c) Ninguna es correcta.

18. ¿Por qué motivo pueden exigir los Ayuntamientos un recargo del 50 % sobre la cuota líquida del IBI?

a) Porque reside una familia numerosa.

b) Porque sea de uso residencial y se encuentre desocupado de forma permanente.

c) Porque se encuentre desocupado con carácter permanente, indistintamente de su uso.

19. En el Impuesto sobre Actividades Económicas (IAE), la exposición de artículos para regalo a los clientes:

a) Está sujeto al impuesto.

b) Está sujeto al impuesto pero exenta.

c) Está sujeta al impuesto, pero no tributa.

20. Para que una carretera no esté sujeta al IBI debe ser:

a) De aprovechamiento público y gratuito para los usuarios.
b) Patrimonial del Estado.
c) De peaje.

21. ¿Qué porcentaje máximo podrá tener una bonificación a favor de los sujetos pasivos que domicilien sus deudas de vencimiento periódico en una entidad financiera?

a) 2 %.
b) 4 %.
c) 5 %.

22. ¿Puede una Entidad Local delegar la facultad de gestión, liquidación, inspección y recaudación tributaria a una capital de provincia?

a) No, únicamente en las Comunidades Autónomas.
b) Sí, siempre que esté integrada dicha Entidad en su territorio.
c) Sí, siempre que sea capital de provincia con sede de instituciones.

23. En relación con el IBI no es cierto que:

a) Están afectos los bienes comunales y los montes vecinales, en mano común.
b) Están exentos los bienes inmuebles que se destinen a la enseñanza por centros docentes acogidos, total o parcialmente, al régimen de concierto educativo, en cuanto a la superficie afectada a la enseñanza concertada, previa solicitud.
c) Está exenta la superficie de los montes poblados con especies de crecimiento lento reglamentariamente determinadas, cuyo principal aprovechamiento sea la madera o el corcho, siempre que la densidad del arbolado sea la propia o normal de la especie de que se trate.

24. La realización del hecho imponible de un tributo implica:

a) El nacimiento de la obligación tributaria de declaración de la Hacienda Pública.
b) El nacimiento de la obligación tributaria principal.
c) La exigibilidad del pago del tributo.

25. A los efectos del IBI, la consideración de bienes inmuebles rústicos, de bienes inmuebles urbanos y de bienes inmuebles de características especiales se define por:

a) Cada Ayuntamiento, a través de acuerdo plenario.
b) El Plan General de Ordenación urbana y vigente de cada municipio.
c) Las normas reguladoras del catastro inmobiliario.

26. Si un mismo inmueble se encuentra localizado en distintos términos munici-pales, se entenderá, a efectos del IBI, que pertenece:

a) Al municipio de mayor población.

b) A cada uno de los municipios afectados, por partes iguales.

c) A cada uno de los municipios por la superficie real que ocupe en su término.

27. El valor catastral de los bienes se determinará por el/las:

a) Normas del catastro inmobiliario.

b) Normas de expropiación forzosa.

c) Pleno de cada Ayuntamiento.

28. Los recursos con los que cuentan las Haciendas Locales:

a) Han de ser suficientes para el cumplimiento de los fines de las Entidades Locales.

b) Deben tener carácter tributario.

c) Solo deben gestionarse por las propias Haciendas Locales.

29. La revisión de los actos dictados en vía de gestión tributaria en este impues-to corresponde al/a la:

a) Propio Ayuntamiento.

b) Centro de Gestión Catastral y Cooperación Tributaria.

c) Dirección General del Catastro.

30. En base a la Ley de Haciendas Locales, ¿cuál de las siguientes respuestas es correcta?

a) Las entidades locales no podrán exigir tasas por los servicios de abastecimiento de aguas en fuentes públicas, alumbrado de vías públicas, vigilancia pública en general, protección civil, limpieza de la vía pública, enseñanza en los niveles de educación obligatoria.

b) El Estado, las Comunidades Autónomas y las Entidades Locales no estarán obligados al pago de las tasas por utilización privativa o aprovechamiento especial del dominio público por los aprovechamientos inherentes a los servicios públicos de comunicaciones que exploten directamente y por todos los que inmediatamente interesen a la seguridad ciudadana o a la defensa nacional.

c) Ambas son correctas.

31. En relación con el periodo impositivo de las tasas, regulado en el artículo 26 de la Ley de Haciendas Locales:

a) Comprende el año natural, en todo caso.

b) Comprende el año natural, salvo los supuestos establecidos en el artículo 26.2. de la Ley de Haciendas Locales.

c) Coincide siempre con el devengo.

32. El importe de los precios públicos deberá cubrir como mínimo el coste del servicio prestado o de la actividad realizada:

a) Siempre.

b) Cuando existan razones sociales, benéficas, culturales o de interés público que así lo aconsejen puede fijarse por debajo del coste del servicio o actividad.

c) Debe cubrir con carácter preceptivo el 90 % del coste del servicio.

33. Las Entidades Locales podrán establecer tasas por cualquier supuesto de utilización privativa o aprovechamiento especial del dominio público local. De las que se exponen a continuación, ¿cuál queda fuera de esta competencia, aun siendo una tasa?

a) Portadas, escaparates y vitrinas.

b) Otorgamiento de las licencias urbanísticas exigidas por la legislación del suelo y ordenación urbana o realización de las actividades administrativas de control en los supuestos en los que la exigencia de licencia fuera sustituida por la presentación de declaración responsable o comunicación previa.

c) Ocupación de terrenos de uso público local con mesas, sillas, tribunas, tablados y otros elementos análogos, con finalidad lucrativa.

34. A los efectos de determinar la base imponible en las contribuciones especiales, se entenderá por coste soportado por la entidad:

a) La cuantía resultante de restar a la cifra del coste total el importe de las subvenciones o auxilios que la Entidad local obtenga del Estado o de cualquier otra persona, o Entidad pública o privada.

b) La cifra del coste total sin tener en cuenta las subvenciones o auxilios que la Entidad local obtenga del Estado o de cualquier otra persona, o Entidad pública o privada.

c) La cuantía resultante de restar a la cifra del coste total el importe de las subvenciones o auxilios que la Entidad local obtenga del Estado sin tener en cuenta a otra persona, o Entidad pública o privada.

35. ¿Cuál de las siguientes afirmaciones referidas a las tasas y precios públicos es correcta?

a) El precio público es un ingreso de carácter tributario y la tasa no.

b) Tanto la tasa como el precio público son ingresos de carácter tributario.

c) La tasa es un ingreso de carácter tributario y el precio público no.

36. Por la construcción en terrenos de uso público local de un aljibe, se podrá establecer:

a) Tasa.

b) Precio público.

c) Contribución especial.

37. No se pueden exigir tasas:

a) Por la expedición de una licencia de obras.
b) Por la vigilancia pública en general.
c) Por la prestación de un servicio de recepción obligatoria.

38. ¿Podrán las Entidades Locales establecer tasas en el supuesto de ocupación de terrenos con mercancías, materiales de construcción, escombros, vallas, andamios y otras instalaciones análogas?

a) No, nunca.
b) Sí, siempre que sean terrenos de uso público local.
c) Sí, tanto si son terrenos públicos como privados.

39. De conformidad con lo dispuesto en el Texto Refundido de la Ley Reguladora de las Haciendas Locales, las entidades locales no pueden exigir tasas por los servicios de:

a) Limpieza en la vía pública.
b) Instalación de anuncios ocupando terrenos de dominio público local.
c) Entradas de vehículos a través de las aceras.

40. En relación con los recursos de los Ayuntamientos señala qué afirmación no es correcta:

a) Las contraprestaciones económicas que se perciban por la prestación de los servicios públicos de competencia local, en régimen de concesión, tendrán la condición de prestaciones patrimoniales de carácter público no tributario.
b) Los ayuntamientos podrán establecer una tasa para la celebración de los matrimonios en forma civil.
c) Tendrán también la consideración de ingresos de derecho privado el importe obtenido en la enajenación de bienes integrantes del patrimonio de las entidades locales como consecuencia de su desafectación como bienes de dominio público y posterior venta, aunque hasta entonces estuvieran sujetos a concesión administrativa.

41. La cuota tributaria de una tasa consistirá en:

a) La cantidad resultante de aplicar una tarifa.
b) Una cantidad fija señalada al efecto.
c) Ambas son correctas.

42. Cuando por causas no imputables al sujeto pasivo de la tasa, no se realice la actividad en que consiste su hecho imponible:

a) Podrá presentar recurso contencioso-administrativo.
b) Podrá instar la realización forzosa mediante un procedimiento especial y sumario en la propia Administración.
c) Podrá obtener la devolución de la tasa.

43. El importe de las tasas previstas por la utilización privativa o el aprovechamiento especial del dominio público local se fijará de acuerdo con las siguientes reglas. Señala cuál es correcta:

a) Con carácter particular, tomando como referencia el valor que tendría en el mercado la utilidad derivada de dicha utilización o aprovechamiento, si los bienes afectados no fuesen de dominio público. A tal fin, las ordenanzas fiscales deberán señalar en cada caso, atendiendo a la naturaleza específica de la utilización privativa o del aprovechamiento especial de que se trate, los criterios y parámetros que permitan definir el valor de mercado de la utilidad derivada.

b) Cuando se utilicen procedimientos de licitación pública, el importe de la tasa vendrá determinado por el valor económico de la proposición sobre la que recaiga la concesión, autorización o adjudicación.

c) Cuando se trate de tasas por utilización privativa o aprovechamientos especiales constituidos en el suelo, subsuelo o vuelo de las vías públicas municipales, a favor de empresas explotadoras de servicios de suministros que resulten de interés general o afecten a la generalidad o a una parte importante del vecindario, el importe de aquellas consistirá, en todo caso y sin excepción alguna, en el 3,5 % de los ingresos brutos procedentes de la facturación que obtengan anualmente en cada término municipal las referidas empresas.

44. En relación con las contribuciones especiales, tendrán la consideración de obras y servicios locales, tal y como establece el artículo 29 de la Ley de Haciendas Locales:

a) Los que realicen las entidades locales fuera del ámbito de sus competencias para cumplir los fines que les estén atribuidos, sin excepción alguna.

b) Los que realicen dichas entidades por haberles sido atribuidos o delegados por otras entidades públicas y aquellos cuya titularidad hayan asumido de acuerdo con la ley.

c) Los que realicen otras entidades públicas y los concesionarios de estos, sin ninguna aportación económica por parte de la entidad local.

45. Como sujetos pasivos de las contribuciones especiales, se considerarán personas especialmente beneficiadas:

a) En las contribuciones especiales por realización de obras o establecimiento o ampliación de servicios a consecuencia de explotaciones empresariales, las empresas suministradoras que deban utilizarlas.

b) En las contribuciones especiales por el establecimiento o ampliación de los servicios de extinción de incendios, además de los propietarios de los bienes afectados, las compañías de seguros que desarrollen su actividad en el ramo, en el término municipal correspondiente.

c) En las contribuciones especiales por construcción de galerías subterráneas, las personas o entidades titulares de estas.

46. La base imponible de las contribuciones especiales está constituida, como máximo, por el 90 % del coste que la entidad local soporte por la realización de las obras o por el establecimiento o ampliación de los servicios. El referido coste estará integrado por los siguientes conceptos:

a) Las indemnizaciones de los trabajos periciales, de redacción de proyectos y de dirección de obras, planes y programas técnicos.

b) El coste real procedente por el derribo de construcciones, destrucción de plantaciones, obras o instalaciones, así como las que procedan a los arrendatarios de los bienes que hayan de ser derruidos u ocupados.

c) El importe de las obras a realizar o de los trabajos de establecimiento o ampliación de los servicios.

47. Las tasas podrán devengarse, según la naturaleza de su hecho imponible y conforme determine la respectiva ordenanza fiscal:

a) Cuando se inicie el uso privativo o el aprovechamiento especial, o cuando se inicie la prestación del servicio o la realización de la actividad, aunque en ambos casos podrá exigirse el depósito previo de su importe total o parcial.

b) Cuando se presente la solicitud que inicie la actuación o el expediente, que no se realizará o tramitará sin que se haya efectuado el pago correspondiente.

c) Ambas son correctas.

48. ¿Pueden las entidades locales establecer convenios de colaboración con entidades, instituciones y organizaciones representativas de los sujetos pasivos de las tasas?

a) Sí, de forma excepcional, tal y como establece el artículo 142 de la Constitución Española.

b) Sí, con el fin de ampliar los plazos de procedimientos de liquidación o recaudación.

c) Sí, con el fin de simplificar el cumplimiento de las obligaciones formales y materiales derivadas.

49. Tienen la consideración de tasas, las prestaciones patrimoniales que establezcan las entidades locales por:

a) La utilización privativa o el aprovechamiento especial del dominio público privado.

b) La prestación de un servicio público o la realización de una actividad administrativa en régimen de derecho privado.

c) Ninguna es correcta.

50. Las entidades locales podrán establecer tasas por cualquier supuesto de utilización privativa o aprovechamiento especial del dominio público local. No podrán por el siguiente:

a) Tránsito de ganados sobre vías públicas o terrenos de dominio público local.

b) Muros de contención o sostenimiento de tierras, edificaciones o cercas, ya sean definitivas o provisionales, en vías públicas locales.

c) Instalación de anuncios sin ocupar terrenos de dominio público local.

51. En relación con las tasas, las contraprestaciones económicas se regularán mediante ordenanza. Durante el procedimiento de aprobación de dicha ordenanza las entidades locales:

a) Solicitarán informe preceptivo de aquellas Administraciones Públicas a las que el ordenamiento jurídico les atribuyera alguna facultad de intervención sobre las mismas.

b) Remitirán informe anual a aquellas Administraciones Públicas a las que el ordenamiento jurídico les atribuyera alguna facultad de intervención sobre las mismas.

c) Solicitarán informe no vinculante y con carácter facultativo de aquellas Administraciones Públicas a las que el ordenamiento jurídico les atribuyera alguna facultad de intervención sobre las mismas.

52. Las entidades locales no podrán exigir tasas por los servicios siguientes:

a) Enseñanza en los niveles de educación obligatoria.

b) Utilización de columnas, carteles y otras instalaciones locales análogas para la exhibición de anuncios.

c) Enarenado de vías públicas a solicitud de los particulares.

53. Señala la respuesta correcta en relación con la compatibilidad entre tasa y contribución especial:

a) Las tasas por la prestación de servicios excluyen la exacción de contribuciones especiales por el establecimiento o ampliación de aquellos.

b) Las tasas por la prestación de servicios no excluyen la exacción de contribuciones especiales por el establecimiento o ampliación de aquellos.

c) Las tasas por la prestación de servicios excluyen la exacción de contribuciones especiales por el establecimiento o ampliación de aquellos, salvo las excepciones establecidas en el artículo 22 de la Ley de Haciendas Locales.

54. Las deudas por precios públicos:

a) Se condonan.

b) Podrán exigirse por el procedimiento administrativo de apremio.

c) No tienen cabida.

55. El establecimiento o modificación de los precios públicos corresponde a:

a) El Pleno, en todo caso.

b) El Pleno, siendo delegable en todo caso, en el Alcalde.

c) El Pleno, sin perjuicio de sus facultades de delegación en la Junta de Gobierno.

56. Las entidades locales podrán atribuir a sus organismos autónomos la fijación de los precios públicos, por ella establecidos, correspondientes a los servicios a cargo de dichos organismos:

a) Siempre.

b) Salvo cuando los precios no cubran su coste.

c) En ningún caso.

57. Las cantidades recaudadas por contribuciones especiales solo podrán destinarse a:

a) Sufragar los gastos de la obra.
b) Sufragar los gastos del servicio por cuya razón se hubiesen exigido.
c) Ambas son correctas.

58. Respecto al importe de las tasas, establece el artículo 24 de la Ley de Haciendas Locales que:

a) Las Entidades Locales podrán condonar solo parcialmente las indemnizaciones y reintegros establecidos en el artículo 24 de la ley.
b) Las Entidades Locales no podrán condonar total ni parcialmente las indemnizaciones y reintegros a que se refiere el artículo 24 de la ley.
c) Podrán condonarse las indemnizaciones y reintegros con las excepciones previstas en el artículo 25 de la Ley de Haciendas Locales.

59. Cuando la naturaleza materia de la tasa exija el devengo periódico de esta y así se determine en la correspondiente ordenanza fiscal, ¿cuándo tendrá lugar el devengo?

a) El 1 de enero de cada año.
b) Cuando comience o cese en la utilización privativa.
c) En la fecha determinada en las ordenanzas locales.

60. De conformidad con lo dispuesto en el artículo 20 del Real Decreto Legislativo 2/2004, de 5 de marzo, por el que se aprueba el Texto Refundido de la Ley Reguladora de las Haciendas Locales, la prestación patrimonial que establecen las entidades locales por la prestación de un servicio público o la realización de una actividad administrativa en régimen de derecho público de competencia local que se refiera, afecte o beneficie de modo particular al sujeto pasivo, cuando no sea de solicitud o recepción voluntaria por los administrados, tendrá la consideración de:

a) Precio público.
b) Tasa.
c) Contribución especial.

Solución al test n.º 12

1. c) Las contribuciones especiales, las tasas y los impuestos y los recargos exigibles sobre los impuestos de las Comunidades Autónomas o de otras Entidades Locales.

2. a) 25 años.

3. b) En los casos de transmisión del vehículo.

4. b) Es un tributo directo que grava la titularidad de los vehículos de esta naturaleza, aptos para circular por las vías públicas, cualesquiera que sean su clase y categoría.

5. c) La asistencia a las sesiones plenarias de la corporación.

6. a) En el momento de iniciarse la construcción, instalación u obra, aun cuando no se haya obtenido la correspondiente licencia.

7. a) De hasta el 90 por ciento.

8. c) A los vehículos matriculados a nombre de minusválidos para su uso exclusivo, siempre y cuando se mantengan dichas circunstancias, tanto a los vehículos conducidos por personas con discapacidad como a los destinados a su transporte.

9. c) De derecho público.

10. c) Sí, así está previsto en la LHL.

11. c) Los remolques y semirremolques arrastrados por vehículos de tracción mecánica cuya carga útil no sea superior a 750 kg.

12. b) La utilización privativa o el aprovechamiento especial del dominio público local, así como por la prestación de servicios públicos o la realización de actividades administrativas de competencia local que se refieran, afecten o beneficien de modo particular a los sujetos pasivos.

13. a) El primer día del periodo impositivo.

14. b) De acuerdo con lo previsto en la LGT y en las demás leyes del Estado reguladoras de la materia, así como en las disposiciones dictadas para su desarrollo.

15. c) Cualquiera de las alternativas anteriores puede considerarse correcta.

16. a) En todo el territorio nacional.

17. c) Ninguna es correcta.

18. b) Porque sea de uso residencial y se encuentre desocupado de forma permanente.

19. a) Está sujeto al impuesto.

20. a) De aprovechamiento público y gratuito para los usuarios.

21. c) 5 %.

22. b) Sí, siempre que esté integrada dicha Entidad en su territorio.

23. a) Están afectos los bienes comunales y los montes vecinales, en mano común.

24. b) El nacimiento de la obligación tributaria principal.

25. c) Las normas reguladoras del catastro inmobiliario.

26. c) A cada uno de los municipios por la superficie real que ocupe en su término.

27. a) Normas del catastro inmobiliario.

28. a) Han de ser suficientes para el cumplimiento de los fines de las Entidades Locales.

29. a) Propio Ayuntamiento.

30. c) Ambas son correctas.

31. b) Comprende el año natural, salvo los supuestos establecidos en el artículo 26.2. de la Ley de Haciendas Locales.

32. b) Cuando existan razones sociales, benéficas, culturales o de interés público que así lo aconsejen puede fijarse por debajo del coste del servicio o actividad.

33. c) Ocupación de terrenos de uso público local con mesas, sillas, tribunas, tablados y otros elementos análogos, con finalidad lucrativa.

34. a) La cuantía resultante de restar a la cifra del coste total el importe de las subvenciones o auxilios que la Entidad local obtenga del Estado o de cualquier otra persona, o Entidad pública o privada.

35. c) La tasa es un ingreso de carácter tributario y el precio público no.

36. a) Tasa.

37. b) Por la vigilancia pública en general.

38. b) Sí, siempre que sean terrenos de uso público local.

39. a) Limpieza en la vía pública.

40. a) Las contraprestaciones económicas que se perciban por la prestación de los servicios públicos de competencia local, en régimen de concesión, tendrán la condición de prestaciones patrimoniales de carácter público no tributario.

41. c) Ambas son correctas.

42. c) Podrá obtener la devolución de la tasa.

43. b) Cuando se utilicen procedimientos de licitación pública, el importe de la tasa vendrá determinado por el valor económico de la proposición sobre la que recaiga la concesión, autorización o adjudicación.

44. b) Los que realicen dichas entidades por haberles sido atribuidos o delegados por otras entidades públicas y aquellos cuya titularidad hayan asumido de acuerdo con la ley.

45. b) En las contribuciones especiales por el establecimiento o ampliación de los servicios de extinción de incendios, además de los propietarios de los bienes afectados, las compañías de seguros que desarrollen su actividad en el ramo, en el término municipal correspondiente.

46. c) El importe de las obras a realizar o de los trabajos de establecimiento o ampliación de los servicios.

47. c) Ambas son correctas.

48. c) Sí, con el fin de simplificar el cumplimiento de las obligaciones formales y materiales derivadas.

49. c) Ninguna es correcta.

50. c) Instalación de anuncios sin ocupar terrenos de dominio público local.

51. a) Solicitarán informe preceptivo de aquellas Administraciones Públicas a las que el ordenamiento jurídico les atribuyera alguna facultad de intervención sobre las mismas.

52. a) Enseñanza en los niveles de educación obligatoria.

53. b) Las tasas por la prestación de servicios no excluyen la exacción de contribuciones especiales por el establecimiento o ampliación de aquellos.

54. b) Podrán exigirse por el procedimiento administrativo de apremio.

55. c) El Pleno, sin perjuicio de sus facultades de delegación en la Junta de Gobierno.

56. b) Salvo cuando los precios no cubran su coste.

57. c) Ambas son correctas.

58. b) Las Entidades Locales no podrán condonar total ni parcialmente las indemnizaciones y reintegros a que se refiere el artículo 24 de la ley.

59. a) El 1 de enero de cada año.

60. b) Tasa.

TEST N.º 13

Ley 31/1995, de 8 de noviembre de Prevención de Riesgos Laborales: Delegados/as de prevención. Comités de seguridad y salud. Especial referencia a la prevención de riesgos laborales del Acuerdo Convenio en vigor sobre condiciones de trabajo comunes al personal funcionario y laboral del Ayuntamiento de Madrid y de sus Organismos Autónomos. Representación de los empleados públicos

1. ¿Qué artículo de la Constitución Española indica que los poderes públicos deben velar por la seguridad e higiene en el trabajo?

a) El Artículo 28.
b) El Artículo 35.
c) El Artículo 40.

2. Para calificar un riesgo desde el punto de vista de su gravedad, se valorarán conjuntamente la severidad del daño y:

a) La probabilidad de que se produzca.
b) La cantidad de trabajadores de la empresa.
c) La existencia o no de equipos individuales de protección.

3. Las disposiciones de carácter laboral contenidas en la Ley 31/1995 y en sus normas reglamentarias tendrán en todo caso el carácter de:

a) Derecho necesario mínimo disponible.
b) Derecho necesario máximo disponible.
c) Derecho necesario mínimo indisponible.

4. La Ley 31/1995 tiene por objeto la determinación del cuerpo básico de .... y responsabilidades preciso para establecer un adecuado nivel de protección de la salud de los trabajadores frente a los riesgos derivados de las condiciones de trabajo. Señala la palabra que falta:

a) Derechos.
b) Obligaciones.
c) Garantías.

5. La Ley 31/1995 y sus normas de desarrollo son de aplicación en el siguiente ámbito o actividad:

a) Policía, seguridad y resguardo aduanero.

b) Sociedades cooperativas en las que existan socios cuya actividad consista en la prestación de un trabajo personal.

c) Servicios operativos de protección civil y peritaje forense en los casos de grave riesgo, catástrofe y calamidad pública.

6. Se consideran procesos potencialmente peligrosos:

a) Aquellos que, en ausencia de medidas preventivas específicas, originen riesgos para la seguridad y la salud de los trabajadores que los desarrollan o utilizan.

b) Cualquier característica del mismo que pueda tener una influencia significativa en la generación de riesgos para la seguridad y la salud del trabajador.

c) Aquellos que, en presencia de medidas preventivas específicas, originen riesgos para la seguridad y la salud de los trabajadores que los desarrollan o utilizan.

7. En el caso de exposición a agentes susceptibles de causar daños graves a la salud de los trabajadores, se considerará que existe un riesgo grave e inminente:

a) Cuando sea improbable racionalmente que se materialice en un futuro inmediato una exposición a dichos agentes de la que puedan derivarse daños graves para la salud, aun cuando estos puedan manifestarse de forma inmediata.

b) Cuando sea probable racionalmente que se materialice en un futuro inmediato una exposición a dichos agentes de la que puedan derivarse daños graves para la salud, siempre que estos se manifiesten de forma inmediata.

c) Cuando sea probable racionalmente que se materialice en un futuro inmediato una exposición a dichos agentes de la que puedan derivarse daños graves para la salud, aun cuando estos no se manifiesten de forma inmediata.

8. Toda lesión corporal que el trabajador sufra con ocasión o por consecuencia del trabajo que ejecute por cuenta ajena, se considera:

a) Enfermedad profesional.

b) Accidente de trabajo.

c) Condición de trabajo.

9. Los Delegados de Prevención:

a) Serán designados por el personal entre los representantes del personal.

b) Serán designados por los representantes del personal entre el personal.

c) Serán designados por y entre los representantes del personal.

10. ¿A qué tipo de Empresas correspondería una representación de 6 Delegados de Prevención?

a) Empresas de 501 a 1.000 trabajadores.
b) Empresas de 2.001 a 3.000 trabajadores.
c) Empresas de 4.001 trabajadores en adelante.

11. El Delegado de Prevención será el Delegado de Personal en todas aquellas empresas con el siguiente número de trabajadores:

a) Empresas de hasta 30 trabajadores.
b) Empresas de hasta 49 trabajadores.
c) Empresas de 31 a 49 trabajadores.

12. En las empresas de 50 a 100 trabajadores se elegirá:

a) Un delegado de prevención.
b) Dos delegados de prevención.
c) Tres delegados de prevención.

13. Conforme al artículo 36 de la Ley 31/1995, es una función de los Delegados de Prevención:

a) Controlar la acción preventiva de la dirección de la empresa.
b) Promover y fomentar la cooperación de los trabajadores en la redacción de la normativa sobre prevención de riesgos laborales.
c) Ejercer una labor de vigilancia y control sobre el cumplimiento de la normativa de prevención de riesgos laborales.

14. En el ejercicio de las competencias atribuidas a los Delegados de Prevención, estos estarán facultados para:

a) Ser informados por el empresario sobre los daños producidos en la salud de los trabajadores una vez que aquel hubiese tenido conocimiento de ellos, presentándose, siempre dentro de su jornada laboral, en el lugar de los hechos para conocer las circunstancias de los mismos.
b) Informar al empresario sobre los daños producidos en la salud de los trabajadores una vez que hubiesen tenido conocimiento de ellos.
c) Ser informados por el empresario sobre los daños producidos en la salud de los trabajadores una vez que aquel hubiese tenido conocimiento de ellos, pudiendo presentarse, aun fuera de su jornada laboral, en el lugar de los hechos para conocer las circunstancias de los mismos.

15. En el ejercicio de las competencias atribuidas a los Delegados de Prevención, estos estarán facultados para:

a) Realizar visitas a los lugares de trabajo para ejercer una labor de vigilancia y control del estado de las condiciones de trabajo, debiendo, a tal fin, acceder a cualquier zona de los mismos y comunicarse fuera de la jornada con los trabajadores, de manera que no se altere el normal desarrollo del proceso productivo.

b) Informar al empresario de la adopción de medidas de carácter preventivo tomadas para la mejora de los niveles de protección de la seguridad y la salud de los trabajadores.

c) Proponer al órgano de representación de los trabajadores la adopción del acuerdo de paralización de actividades.

16. Los informes que deban emitir los Delegados de Prevención a tenor de las consultas preceptivas del empresario referidas a riesgos no inminentes, tendrán que elaborarse en un plazo de:

a) 15 días.
b) 20 días.
c) 1 mes.

17. ¿En qué tipo de empresas los Delegados de Prevención dispondrán de un crédito de 20 horas mensuales retribuidas para el ejercicio de sus funciones de representación?

a) Empresas de hasta 100 trabajadores.
b) Empresas de 101 a 250 trabajadores.
c) Empresas de 501 a 750 trabajadores.

18. Según el artículo 37.2 de la Ley 31/1995, es cierto que:

a) El empresario deberá proporcionar a los Delegados de Prevención los medios y la formación en materia preventiva que resulten necesarios para el ejercicio de sus funciones.

b) En todo caso, la formación se deberá facilitar por el empresario por sus propios medios y deberá adaptarse a la evolución de los riesgos y a la aparición de otros nuevos, repitiéndose periódicamente si fuera necesario.

c) El tiempo dedicado a la formación será considerado como tiempo de trabajo a todos los efectos y pudiendo recaer su coste sobre los Delegados de Prevención.

19. ¿Cuántos miembros tendrá el Comité de Seguridad y Salud de una empresa que tiene entre 1.001 y 2.000 trabajadores?

a) Cinco.
b) Diez.
c) Catorce.

20. Se constituirá un Comité de Seguridad y Salud en todas las empresas o centros de trabajo que cuenten con al menos:

a) 10 trabajadores.
b) 30 trabajadores.
c) 50 trabajadores.

21. La organización de los recursos necesarios para el desarrollo de las actividades preventivas en la Administración Municipal de Madrid se realizará en la modalidad de:

a) Servicio de prevención ajeno.
b) Servicio de prevención mancomunado.
c) Servicio de prevención propio.

22. De forma progresiva durante la vigencia del Acuerdo-Convenio sobre condiciones de trabajo comunes al personal funcionario y laboral del Ayuntamiento de Madrid y de sus Organismos Autónomos para el período 2019-2022, se tenderá a que la oferta formativa de los Delegados de Prevención amplíe el número de horas de las acciones de formación básica hasta las:

a) 20 horas.
b) 40 horas.
c) 60 horas.

23. El Ayuntamiento de Madrid, como Administración, está representada en el Comité de Seguridad y Salud por:

a) 5 representantes.
b) 10 representantes.
c) 15 representantes.

24. Forman parte del Comité de Seguridad y Salud del Ayuntamiento de Madrid y sus Organismos Autónomos:

a) Todos los Delegados de Prevención del Ayuntamiento y sus organismos autónomos.
b) La mitad de los Delegados de Prevención del Ayuntamiento y sus organismos autónomos.
c) Quince de los Delegados de Prevención del Ayuntamiento y sus organismos autónomos.

25. ¿Cuántos Asesores podrán participar en las reuniones del Comité de Seguridad y Salud del Ayuntamiento de Madrid y sus Organismos Autónomos, por las Organizaciones Sindicales representadas en el mismo?

a) Uno por cada Organización Sindical.
b) Dos por cada Organización Sindical.
c) Dos, en total.

Solución al test n.º 13

1. c) El Artículo 40.

2. a) La probabilidad de que se produzca.

3. c) Derecho necesario mínimo indisponible.

4. c) Garantías.

5. b) Sociedades cooperativas en las que existan socios cuya actividad consista en la prestación de un trabajo personal.

6. a) Aquellos que, en ausencia de medidas preventivas específicas, originen riesgos para la seguridad y la salud de los trabajadores que los desarrollan o utilizan.

7. c) Cuando sea probable racionalmente que se materialice en un futuro inmediato una exposición a dichos agentes de la que puedan derivarse daños graves para la salud, aun cuando estos no se manifiesten de forma inmediata.

8. b) Accidente de trabajo.

9. c) Serán designados por y entre los representantes del personal.

10. b) Empresas de 2.001 a 3.000 trabajadores.

11. a) Empresas de hasta 30 trabajadores.

12. b) Dos delegados de prevención.

13. c) Ejercer una labor de vigilancia y control sobre el cumplimiento de la normativa de prevención de riesgos laborales.

14. c) Ser informados por el empresario sobre los daños producidos en la salud de los trabajadores una vez que aquel hubiese tenido conocimiento de ellos, pudiendo presentarse, aun fuera de su jornada laboral, en el lugar de los hechos para conocer las circunstancias de los mismos.

15. c) Proponer al órgano de representación de los trabajadores la adopción del acuerdo de paralización de actividades.

16. a) 15 días.

17. b) Empresas de 101 a 250 trabajadores.

18. a) El empresario deberá proporcionar a los Delegados de Prevención los medios y la formación en materia preventiva que resulten necesarios para el ejercicio de sus funciones.

19. b) Diez.

20. c) 50 trabajadores.

21. c) Servicio de prevención propio.

22. c) 60 horas.

23. c) 15 representantes.

24. c) Quince de los Delegados de Prevención del Ayuntamiento y sus organismos autónomos.

25. b) Dos por cada Organización Sindical.

Ley Orgánica 3/2007, de 22 de marzo, para la igualdad efectiva de mujeres y hombres: objeto y ámbito de la ley. El principio de igualdad y la tutela contra la discriminación. El Plan de Igualdad entre mujeres y hombres del Ayuntamiento de Madrid y sus Organismos Autónomos en vigor: ámbito municipal; estructura; objetivo general; líneas de intervención y objetivos específicos

1. El principio de igualdad de trato y de oportunidades entre mujeres y hombres:

a) Solo se aplica en el ámbito del empleo público.

b) Se garantizará incluso en el acceso al trabajo por cuenta propia.

c) No se aplica en la afiliación y participación en organizaciones sindicales o empresariales.

2. Una diferencia de trato basada en una característica relacionada con el sexo, ¿constituye discriminación en el acceso al empleo?

a) Sí, en todo caso.

b) No, siempre que la formación necesaria se base en dicha característica.

c) No, si debido a la naturaleza de las actividades profesionales concretas o al contexto en el que se lleven a cabo, dicha característica constituye un requisito profesional esencial y determinante, siempre y cuando el objetivo sea legítimo y el requisito proporcionado.

3. En virtud del artículo 6.2 de la LO 3/2007, la situación en que una disposición, criterio o práctica aparentemente neutros pone a personas de un sexo en desventaja particular con respecto a personas del otro:

a) En cualquier caso constituirá discriminación directa.

b) En cualquier caso constituirá discriminación indirecta.

c) No se considera discriminación indirecta si dicha disposición, criterio o práctica pueden justificarse objetivamente en atención a una finalidad legítima y los medios para alcanzar dicha finalidad son necesarios y adecuados.

4. Conforme al artículo 6.3 de la LO 3/2007, toda orden de discriminar por razón de sexo:

a) Solo se considera discriminatoria si se ordena discriminar directamente.

b) En ningún caso se puede considerar discriminatoria.

c) En cualquier caso se considera discriminatoria, sea directa o indirecta.

5. En relación con el acoso sexual y el acoso por razón de sexo:

a) La LO 3/2007 equipara ambos conceptos.

b) La diferencia entre ambos radica en que, mientras el primero se circunscribe al ámbito de lo sexual, el segundo supone un tipo de situaciones laborales discriminatorias mucho más amplias, sin tener por qué existir intencionalidad sexual por parte de la persona agresora.

c) Se diferencian en que el primero supone que hay rechazo por parte de la víctima.

6. A los efectos de la LO 3/2007, definimos como acoso sexual:

a) Cualquier comportamiento realizado en función del sexo de una persona, con el propósito o el efecto de atentar contra su dignidad y de crear un entorno intimidatorio, degradante u ofensivo.

b) Cualquier comportamiento, verbal o físico, de naturaleza sexual que tenga el propósito o produzca el efecto de atentar contra la dignidad de una persona, en particular cuando se crea un entorno intimidatorio, degradante u ofensivo.

c) Todo trato desfavorable a las mujeres relacionado con el embarazo o la maternidad.

7. Conforme al artículo 7.4 de la LO 3/2007, el condicionamiento de un derecho o de una expectativa de derecho a la aceptación de una situación constitutiva de acoso sexual o de acoso por razón de sexo se considerará:

a) Acto de discriminación por razón de sexo.

b) Creación de un entorno intimidatorio, degradante u ofensivo.

c) Anulable y sin efecto.

8. En virtud del artículo 9 de la LO 3/2007, cualquier trato adverso o efecto negativo que se produzca en una persona como consecuencia de la presentación por su parte de queja, reclamación, denuncia, demanda o recurso, de cualquier tipo, destinados a impedir su discriminación y a exigir el cumplimiento efectivo del principio de igualdad de trato entre mujeres y hombres, se considerará:

a) Discriminación directa.

b) Discriminación por razón de sexo.

c) Injustificado.

9. Según el artículo 10 de la LO 3/2007, los actos y las cláusulas de los negocios que constituyan o causen discriminación por razón de sexo darán lugar a responsabilidades a través de un sistema de reparaciones o indemnizaciones que sean (señala la respuesta incorrecta):

a) Reales.

b) Disuasivas.

c) Proporcionadas al perjuicio sufrido.

10. Para prevenir la realización de conductas discriminatorias en los actos y las cláusulas de los negocios jurídicos, el artículo 10 de la LO 3/2017 prevé la existencia de un sistema de sanciones eficaz y:

a) Proporcionado.

b) Disuasorio.

c) Cuantificable.

11. Conforme al artículo 12 de la LO 3/2007, cualquier persona podrá recabar de los tribunales la tutela del derecho a la igualdad entre mujeres y hombres, de acuerdo con lo establecido en el artículo 53.2 de la Constitución:

a) Siempre que la relación en la que supuestamente se produce la discriminación se encuentre vigente.

b) Incluso tras la terminación de la relación en la que supuestamente se ha producido la discriminación.

c) Siempre que se haya dado por terminada la relación en la que supuestamente se produce la discriminación.

12. La persona acosada será la única legitimada en los litigios:

a) Sobre discriminación directa.

b) Sobre acoso sexual y acoso por razón de sexo.

c) Sobre acoso sexual únicamente.

13. ¿En cuál de las siguientes jurisdicciones la carga de la prueba de no discriminación NO pesa sobre el demandado?

a) Jurisdicción penal.

b) Jurisdicción civil.

c) Jurisdicción contencioso-administrativa.

14. De acuerdo con las leyes procesales, en aquellos procedimientos en los que las alegaciones de la parte actora se fundamenten en actuaciones discriminatorias, por razón de sexo, corresponderá a la persona demandada probar la ausencia de discriminación en las medidas adoptadas y su proporcionalidad. A tales efectos, el órgano judicial:

a) A instancia de parte, podrá recabar, si lo estimase útil y pertinente, informe o dictamen de los organismos públicos competentes.

b) Deberá recabar informe o dictamen de los organismos públicos competentes.

c) De oficio, podrá recabar, si lo estimase útil y pertinente, informe o dictamen de los organismos públicos competentes.

15. El Real Decreto-ley 6/2019, de 1 de marzo, de medidas urgentes para garantía de la igualdad de trato y de oportunidades entre mujeres y hombres en el empleo y la ocupación, extendió la exigencia de redacción de los planes de igualdad a empresas de:

a) 10 o más trabajadores.

b) 25 o más trabajadores.

c) 50 o más trabajadores.

16. El II Plan de Igualdad entre mujeres y hombres del Ayuntamiento de Madrid y sus OO.AA. ha sido elaborado y negociado por:

a) Representantes de la Administración Municipal exclusivamente, estando representadas todas las Áreas de Gobierno y Organismos Autónomos.

b) El personal funcionario y el personal laboral del Ayuntamiento de Madrid.

c) Representantes de la Administración Municipal y representantes de cada una de las Organizaciones Sindicales legitimadas.

17. El I Plan de Igualdad entre Mujeres y Hombres del Ayuntamiento de Madrid y sus OO.AA. ha estado vigente durante el periodo:

a) 2016-2019.

b) 2017-2020.

c) 2017-2019.

18. El Plan de Igualdad tendrá un ámbito de actuación que se extiende a:

a) La totalidad del personal que tenga una relación contractual laboral y/o estatutaria con el Ayuntamiento de Madrid y sus OO.AA. y a todos sus centros de trabajo.

b) Todo el personal laboral cuyo centro de trabajo sea el Ayuntamiento de Madrid.

c) Al personal que esté representado por las Organizaciones Sindicales legitimadas.

19. El periodo de vigencia del II Plan de Igualdad entre mujeres y hombres del Ayuntamiento de Madrid y sus OO.AA. es:

a) Un año.
b) Dos años.
c) Tres años.

20. El objetivo general del II Plan de Igualdad entre mujeres y hombres del Ayuntamiento de Madrid y sus OO.AA. es:

a) Remover todos los obstáculos para un correcto ejercicio del desempeño laboral de mujeres y hombres.
b) Promover la igualdad de oportunidades entre la población madrileña.
c) Avanzar en la igualdad entre mujeres y hombres en el Ayuntamiento de Madrid y sus organismos autónomos.

21. ¿Cuáles son los instrumentos del II Plan de Igualdad que permiten aportar un soporte estructural a dicho Plan?

a) Las medidas.
b) Los objetivos específicos.
c) Las líneas de intervención.

22. Las actuaciones que orientan el II Plan de Igualdad se estructuran a través de varias líneas de intervención. Señala la que no corresponda:

a) Las personas.
b) Los principios.
c) La comunicación.

23. Las medidas que sirven de guía de la política municipal en materia de Igualdad se concretan en:

a) Los objetivos específicos.
b) El objetivo general.
c) Las líneas de intervención.

24. La responsabilidad de la implementación del II Plan de Igualdad recae sobre:

a) Las áreas de gobierno del Ayuntamiento de Madrid fundamentalmente.
b) Las organizaciones sindicales que representan al personal del Ayunta-miento de Madrid.
c) Todas las áreas de gobierno, organismos autónomos y distritos.

25. Indica cuál de los siguientes objetivos específicos corresponde a la línea de intervención "La institución":

a) Evitar la segregación horizontal y vertical.
b) Incorporar el principio de igualdad en la gestión y la organización municipal.
c) Eliminar el sexismo y los estereotipos de género.

26. La comunicación como línea de intervención del II Plan de Igualdad incluye la:

a) Eliminación del sexismo y los estereotipos de género.
b) La incorporación del principio de igualdad en la gestión y la organización muni-cipal.
c) La implementación, seguimiento, evaluación y difusión del Plan.

27. Como medida para lograr la incorporación del principio de igualdad en la gestión y la organización municipal, el Ayuntamiento:

a) Realizará una evaluación periódica del II Plan de Igualdad sobre la base de la actualización periódica del diagnóstico.
b) Difundirá la Guía para el uso inclusivo del Lenguaje en el Ayuntamiento de Madrid y sus OO.AA.
c) Garantizará la inclusión de las cláusulas de igualdad en las contrataciones realizadas empresas externas del Ayuntamiento y sus OO.AA.

28. Una de las gestiones a realizar para eliminar el sexismo y los estereotipos de género en el Ayuntamiento de Madrid será:

a) Desarrollar campañas de sensibilización interna.
b) Actualizar el espacio de igualdad en Ayre.
c) Revisar el Protocolo para la prevención, detección y actuación frente al acoso sexual, acoso por razón de sexo u orientación sexual e identidad y expresión de género del Ayuntamiento de Madrid y sus Organismos Autónomos.

29. Intervenir en situaciones de especial protección: acoso sexual y por razón de sexo y violencia de género será un objetivo específico de la línea de intervención del II Plan:

a) Las personas.
b) La institución.
c) La comunicación.

30. El seguimiento de la ejecución de las medidas y cumplimiento de los objetivos del II Plan de Igualdad entre mujeres y hombres del Ayuntamiento de Madrid y sus OO.AA. se realizará en:

a) La Dirección General de Función Pública.
b) Los distritos y organismos autónomos.
c) La Comisión de Igualdad.

Solución al test n.º 14

1. b) Se garantizará incluso en el acceso al trabajo por cuenta propia.

2. c) No, si debido a la naturaleza de las actividades profesionales concretas o al contexto en el que se lleven a cabo, dicha característica constituye un requisito profesional esencial y determinante, siempre y cuando el objetivo sea legítimo y el requisito proporcionado.

3. c) No se considera discriminación indirecta si dicha disposición, criterio o práctica pueden justificarse objetivamente en atención a una finalidad legítima y los medios para alcanzar dicha finalidad son necesarios y adecuados.

4. c) En cualquier caso se considera discriminatoria, sea directa o indirecta.

5. b) La diferencia entre ambos radica en que, mientras el primero se circunscribe al ámbito de lo sexual, el segundo supone un tipo de situaciones laborales discriminatorias mucho más amplias, sin tener por qué existir intencionalidad sexual por parte de la persona agresora.

6. b) Cualquier comportamiento, verbal o físico, de naturaleza sexual que tenga el propósito o produzca el efecto de atentar contra la dignidad de una persona, en particular cuando se crea un entorno intimidatorio, degradante u ofensivo.

7. a) Acto de discriminación por razón de sexo.

8. b) Discriminación por razón de sexo.

9. b) Disuasivas.

10. b) Disuasorio.

11. b) Incluso tras la terminación de la relación en la que supuestamente se ha producido la discriminación.

12. b) Sobre acoso sexual y acoso por razón de sexo.

13. a) Jurisdicción penal.

14. a) A instancia de parte, podrá recabar, si lo estimase útil y pertinente, informe o dictamen de los organismos públicos competentes.

15. c) 50 o más trabajadores.

16. c) Representantes de la Administración Municipal y representantes de cada una de las Organizaciones Sindicales legitimadas.

17. b) 2017-2020.

18. a) La totalidad del personal que tenga una relación contractual labo-ral y/o estatutaria con el Ayuntamiento de Madrid y sus OO.AA. y a todos sus centros de trabajo.

19. c) Tres años.

20. c) Avanzar en la igualdad entre mujeres y hombres en el Ayunta-miento de Madrid y sus organismos autónomos.

21. c) Las líneas de intervención.

22. b) Los principios.

23. a) Los objetivos específicos.

24. c) Todas las áreas de gobierno, organismos autónomos y distritos.

25. b) Incorporar el principio de igualdad en la gestión y la organización municipal.

26. a) Eliminación del sexismo y los estereotipos de género.

27. c) Garantizará la inclusión de las cláusulas de igualdad en las con-trataciones realizadas a empresas externas del Ayuntamiento y sus OO.AA.

28. a) Desarrollar campañas de sensibilización interna.

29. a) Las personas.

30. c) La Comisión de Igualdad.

Cómo acceder al Curso

Educador/a Social
Test del Temario Grupo I

El uso de los códigos **es exclusivo de los compradores de los productos de Editorial MAD**. Cada producto posee un código único y de un solo uso. Es personal e intransferible y da acceso a servicios y contenidos adicionales. Editorial MAD se reserva el derecho de hacer cuantas comprobaciones sean necesarias para identificar al legítimo poseedor del código y dejar de dar servicio a quien haga uso fraudulento del mismo, además de emprender cuantas acciones legales estime oportunas según la legislación vigente.

Deberás acceder a:

mad.es/registro-campus

Si una vez aceptadas las condiciones de uso del Campus decides hacer uso del mismo, necesitarás del siguiente código de acceso junto con los códigos del resto de títulos que se exigen (si fuera el caso):

S5GJ4397HC